RECHERCHES

SUR LES

BIBLIOTHÈQUES

DES ARCHEVÊQUES ET DU CHAPITRE

DE ROUEN

Par l'Abbé P. LANGLOIS

ROUEN

FLEURY | PLACE DE L'HÔTEL-DE-VILLE, 4

LEBRUMENT | QUAI NAPOLÉON, 55

1853

CATHÉDRALE

Dessiné d'après nature et lith. par Dumée fils — Imp. Lemercier et Cie Paris

Escalier de la Bibliothèque

RECHERCHES

SUR LES

BIBLIOTHÈQUES DES ARCHEVÊQUES

ET DU CHAPITRE DE ROUEN.

Si non ad restituendam, certè ad illustrandam antiquitatem.
(MABILLON, *Præf. Musæi italici*, t. II.)

L'histoire de la Bibliothèque de l'Église métropolitaine de Rouen se divise en trois époques.

La première, dont les commencements sont incertains, finit avec le XIIe siècle, où nous rencontrons, pour la première fois, des catalogues.

La deuxième, qui répond aux XIVe, XVe et XVIe siècles, comprend, outre de nombreux legs de livres, la construction de la salle qui règne sur la droite de la cour des Libraires, du bel escalier qui y donne accès par l'intérieur de la basilique, et un premier essai de Bibliothèque publique pour les chanoines et autres personnages notables.

Pendant la troisième époque, c'est-à-dire de 1632 jusqu'à la Révolution, la Bibliothèque, considérablement augmentée par l'adjonction successive de vingt bibliothèques particulières, est entièrement mise au service du public, et prend place parmi les meilleurs établissements littéraires de ce genre. Les détails sur la dispersion des Bibliothèques de l'église et de l'archevêché, les notes biographiques sur les principaux bibliothécaires, et les pièces justificatives, termineront cet écrit.

PREMIÈRE ÉPOQUE.

Nous ne connaissons aucun document qui mentionne formellement la Bibliothèque de notre église cathédrale, avant le pontificat de l'archevêque Geoffroi (1110-1128); mais le nombre des manuscrits, qui dépassait alors cinquante, l'âge de quelques-uns qui étaient déjà anciens, nous avertissent de chercher plus haut l'origine de cette collection.

S'il est vrai, comme l'affirme le pape Innocent I, que saint Victrice, évêque de Rouen, à la fin du IVe siècle, n'était étranger à aucune branche de l'érudition sacrée (1); si le même prélat, dans son beau discours *De laude sanctorum*, première production littéraire de notre ville, emprunte des textes, non-seulement à l'ancien et au nouveau Testament, mais encore aux poèmes de Virgile, et surtout aux écrits de saint Hilaire de Poitiers, s'il reproduit ses tours, ses propres expressions, et l'impétuosité de ce *Rhône* de l'éloquence latine, est-il téméraire de penser que, dans ces temps reculés, l'église de Rouen possédait déjà un fonds quelconque de livres sacrés et profanes?

Les noms d'Homère, de Virgile, de Ménandre, de

---

(1) Neque est aliquid, quod de sacris lectionibus tibi minùs collectum esse videatur. (Pommeraie. *Concil.*, p. 2.)

Démosthènes, de Plaute, d'Hérodote, de Salluste, d'Horace, de Varron, de Platon, d'Aristote, de Cicéron, de Lysias, de Solin, se retrouveraient-ils en foule sous la plume de saint Ouen, au VIIe siècle, s'il n'avait eu sous la main aucun de leurs écrits (1)?

D'un autre côté, on sait qu'à la Cathédrale était annexée une École d'où sortirent nos évêques saint Evode et Guillaume de Flavacourt; que les prélats normands et armoricains en prescrivaient la fréquentation au IXe siècle; que, du VIe au XIe siècle, nos évêques saint Ansbert, saint Prétextat, Maginhart, Maurile, Jean d'Avranches, Guillaume Bonne-âme, nos archidiacres Fulbert et Hugues surnommé le Grammairien, nos chanoines Thébaud et Richard, cultivèrent les lettres, et nous ont laissé des ouvrages de théologie, de poésie et d'histoire. Or, l'existence de cette école dans l'église de Rouen, cette activité studieuse qui s'y manifeste aux époques les plus barbares, cette série d'écrivains qu'elle produit, leurs citations nombreuses, tant des livres sacrés que des écrits des anciens, impliquent, selon nous, la présence et l'accroissement progressif d'un dépôt de livres plus ou moins considérable.

Quoi qu'il en soit de nos conjectures, il est certain que, vers 1120, ce dépôt montait à environ soixante volumes (2). C'est ce que prouve un catalogue conservé dans un ancien manuscrit de la cathédrale, bien connu sous le nom de Livre d'ivoire (3). Nous doutons que cette liste soit complète, car elle ne mentionne que deux livres de l'Ecriture

---

(1) Vita S. Eligii, Præf.

(2) Voir Pièces justificatives, n° 1.

(3) Il est relié en bois et présente sur les côtés deux belles figures en ivoire, qui paraissent revêtues de la toge romaine. Cette reliure est un curieux débris d'une bibliothèque bien antérieure à celle du XIIe siècle. (A la Bibliothèque de Rouen.)

sainte, le Cantique des Cantiques et les Epîtres de saint Paul, données par Raoul Pentecôte. Il est vrai que Fréculphe, évêque de Lisieux, s'était plaint, en son temps, que son église ne possédait ni un seul livre sacré, ni un seul commentaire ; mais c'était au IXe siècle, alors que les Normands promenaient partout l'incendie et le ravage (1).

Les commentaires que présente cette liste, sont un Hexaméron anonyme, vraisemblablement celui de saint Ambroise, l'Exposition de saint Grégoire-le-Grand sur Ezéchiel, et des Gloses sur les Epîtres de saint Paul, peut-être celles de Raban Maur, ou de son élève Walafride Strabon.

Pour la liturgie, elle offre un Bréviaire donné par Raoul Lelong, un autre Bréviaire désigné sous le nom de Richard (2), quatre Tropaires, une partie de l'Antiphonaire, cinq Bénédictionnaires, entr'autres le fameux Bénédictionnaire de l'archevêque Robert, auquel la dispute de Dom Tassin et de l'abbé Saas, les descriptions du P. Morin, de Baudelot de Dairval, du révérend Dibdin, des bénédictins Montfaucon, Gourdin et Guéranger, ont donné une célébrité européenne, et qui figure encore parmi les pièces les plus rares de notre Bibliothèque publique. Enfin, le livre des Offices ecclésiastiques que Jean, évêque d'Avranches, dédia, vers 1165, à notre archevêque Maurile, avant de lui succéder.

Le prieuré de Sausseuse, près Vernon, le président

---

(1) *R. Mauri opera*, t. II.

(2) Ces livres liturgiques commençaient à être connus. On les nomma *Bréviaires*, parce que c'étaient des abrégés des légendaires, antiphonaires et autres livres de chœur. (D. Rivet, t. IX et XII, *passim*).

Bouhier, à Dijon, M. Bigot, à Rouen, et la bibliothèque Bodleïenne, à Oxford, possédaient des copies du livre de Jean d'Avranches (1). Dom Hugues Ménard en publia une partie, en 1642, dans son Sacramentaire de saint Grégoire. La même année, trois chanoines de Rouen, Georges Ridel, Jacques Mallet et Jean Leprevost, en publièrent une première édition in-18°, comprenant 67 pages de texte et 15 pages de notes, d'après le manuscrit de Sausseuse. En 1679, J.-B. Lebrun Desmarettes en publia une seconde édition, in-8, sur le manuscrit de M. Bigot, bien supérieure à la première, et dont le *Journal des Savants* rendit compte au mois de septembre de la même année. Thiers, dans son Traité des Jubés, M. Duméril, dans ses Origines latines du théâtre moderne, l'abbé Le Lorrain, prêtre de la métropole de Rouen, dans son docte traité *De l'ancienne coutume de prier et d'adorer debout*, ont beaucoup profité du livre de Jean d'Avranches. L'abbé Fleury et D. Rivet en ont donné une courte analyse. Suivant l'abbé Le Lorrain, il ne diffère pas des Ordres romains, que D. Mabillon a publiés dans son *Musœum italicum*. Je m'y suis arrêté à cause de sa rareté, malgré ses deux éditions, et de son importance pour l'histoire ecclésiastique de Normandie.

Les ouvrages des Pères, compris dans notre catalogue, sont ceux de saint Ephrem et quelques écrits détachés de saint Augustin, savoir : les six livres contre Julien, hérétique pélagien (2), des extraits de ses lettres sur di-

---

(1) D. Rivet, t. VIII, p. 69, et Mabillon, *OEuvres posth.*, t. II, p. 9.

(2) Au XVIIe siècle, on ne connaissait que trois exemplaires de l'ouvrage de saint Augustin contre Julien, celui de Clairvaux, celui de la Chartreuse des Portes, et celui du collége des Prémontrés, à Paris.

— Vigneul-Marville (D. d'Argonne), t. Ier, p. 81. —

verses questions, le livre de la Dialectique, et l'opuscule sur l'Obéissance.

La jurisprudence n'y est représentée que par des extraits de canons.

Pour les sciences, la philosophie et les arts, on y rencontre le livre de Marcianus Capella, sur la musique, les traités de Donat, de Bède, et d'Helpéric, sur le comput, une partie d'un traité d'arithmétique anonyme, un livre de la division des nombres, apparemment celui de Gerbert, le livre *de Abaco*, ou du calcul, sans doute du même Gerbert ou de son disciple Bernelin; les Topiques de Cicéron, les Œuvres de Boëce, un commentaire sur les catégories d'Aristote, ou peut-être l'écrit d'Alcuin à Charlemagne, sur les dix catégories de saint Augustin, des syllogismes catégoriques qui paraissent être le traité d'Apulée: *De Syllogismo categorico;* un livre des *Périherménies*, et les *Périherménies* d'Apulée; (Alcuin, dans son Dialogue sur la rhétorique, définit les *Périherménies: interpretationes specierum orationis*) (1); un opuscule sur la fauconnerie: la chasse à l'oiseau était alors un plaisir tellement en vogue, que plusieurs Conciles de Normandie l'interdisent aux prélats et aux clercs (2); enfin un livre de médecine, où les plantes étaient figurées (medicinalis liber ubi herbæ sunt pictæ.) Le même manuscrit reparaît trois siècles plus tard dans un acte capitulaire du 7 octobre 1399, avec cette description: « Liber scriptus in pergameno, cum asseribus, in quo tractatur de medicinâ, et sunt in eodem plures herbæ figuratæ. »

Qu'on nous permette de remarquer, à ce sujet, que le Chapitre comptait presque toujours quelques médecins dans son sein. Le célèbre Pierre de Blois, chanoine de

(1) Opera Alchuini, col. 1354.

(2) Bessin, pars 1ª, p. 111, 123, 169.

Rouen, passant par Amboise, traita un seigneur nommé Gelduin, dangereusement malade. Dans sa 43e lettre, il expose en termes techniques les symptômes de la maladie, les remèdes qu'il avait employés, et ceux qu'on devait mettre en usage pour obtenir une parfaite guérison. Martin Hazel, premier médecin du roi Charles VI, devint chanoine de Rouen en 1409. Dans les actes capitulaires, nous trouvons, au 10 avril 1437, Jean Ledengié, chanoine, maître ès-arts et en médecine ; au 31 mars 1462, la mort du chanoine Philibert Fournier, qualifié maître en médecine ; le 5 janvier 1513, les chanoines Postel et De la Place, docteurs-médecins ; enfin, on voit encore dans la Cathédrale les tombes de Robert Nagerel et de Marin le Pigny, chanoines et docteurs en médecine au XVIe siècle.

Les ouvrages de belles-lettres sont : un Homère, trois exemplaires de Juvénal, les Métamorphoses d'Ovide, et ses poèmes *De amatoriâ arte* et *De remedio amoris ;* un Virgile, un exemplaire de l'Enéïde du même poète, et un ouvrage intitulé : *Liber de duodecim versibus Virgilii;* Térence, Arator, poète chrétien du VIe siècle, qui a écrit deux livres de vers latins sur les Actes des Apôtres, où il mentionne les Ephémérides de César, ouvrage depuis longtemps perdu ; Donat, grammairien du IVe siècle ; enfin, le grand Donat, avec son Traité du Barbarisme : on disait le grand Donat, par opposition au petit Donat, approprié à l'usage des commençants.

L'histoire y est représentée par Hégésippe, auteur postérieur au règne de Constantin, et qui a écrit cinq livres de la guerre des Juifs et de la ruine de Jérusalem : cet ouvrage a été attribué par quelques-uns à saint Ambroise ; le bénédictin D. du Frische conjecture que de l'historien Josèphe, la négligence des copistes aura pu faire Hégésippe (1) ; par

(1) Opera S. Ambrosii, t. II, Præfat.

un livre du prêtre Auxilius sur le pape Formose, inséré par Mabillon dans ses Analectes, et par le P. Morin, dans son Traité des Ordinations : par un livre *du Chapitre* (*liber de capitulo*), soit celui des lectures, soit celui des délibérations ; par les livres de Gérard, que l'abbé Saas croit être deux Vies de saint Romain, l'une en prose, l'autre en vers, adressées au xe siècle, à Hugues, archevêque de Rouen, par Gérard, doyen de Saint-Médard de Soissons ; par un récit des miracles de saint Etienne et autres martyrs, et par les Vies de saint Ansbert et de saint Ouen, qui, d'après l'abbé Saas, seraient celles du Livre d'ivoire (1).

J'ajoute ici les noms d'un auteur appelé Maximianus, et d'un ouvrage intitulé : ***Ferculum Salomonis***, qui me sont tout-à-fait inconnus.

Un inventaire du Trésor de la Cathédrale, rédigé aussi au xiie siècle, mais un peu plus tard, sous le pontificat de Rotrou ou de Gautier-le-Magnifique, nous fournit plusieurs autres catalogues de livres, qui prouvent qu'en peu de temps le nombre des manuscrits de la Bibliothèque avait été plus que doublé (2).

Nous donnons d'abord celui qui comprend les livres de l'archevêque Rotrou, au nombre de sept : l'Histoire naturelle de Pline, les Epîtres de saint Jérôme, la Cité de Dieu de saint Augustin, le Livre des étymologies de saint Isidore de Séville, Vitruve, l'Explication du Symbole et de l'Oraison dominicale, par Hugues d'Amiens, archevêque de Rouen, insérée par D. Martène dans le neuvième tome de l'*Amplissima Collectio;* enfin, du même Hugues d'Amiens, l'ou-

---

(1) Notice des Manuscrits de la Biblioth. de l'Eglise de Rouen, p. 89 et 91.

(2) Pièces justificatives, nos II, III et IV.

vrage dédié au cardinal Matthieu, évêque d'Albane, et publié par le même bénédictin dans son *Thrésor des Anecdotes.* Cet ouvrage comprend sept livres de dialogues sur Dieu, les Créatures, le Libre arbitre, la Chute des anges et de l'homme, les Sacrements, l'État des moines, la Béatitude éternelle, etc.

Les livres de la chapelle de Rotrou, confiés à la garde du chapelain Robert, étaient : un Bénédictionnaire, un Graduel, un Tropaire.

En outre, on comptait, parmi les plus riches joyaux du Trésor de la Cathédrale, onze autres *Textes* ou volumes, entr'autres un Évangéliaire et un Épistolier, sur lesquels étincelaient l'or et l'argent, les émaux et les pierres précieuses. Nous n'osons en traduire la description, de peur d'en affaiblir l'éclat (1).

Le second catalogue se compose des manuscrits donnés par R. d'Antan : le Livre des Rois, la Genèse, l'Exode, saint Luc, saint Jean, saint Matthieu et saint Marc en un volume, Douze prophètes, le Cantique des Cantiques, les Paraboles de Salomon en un volume, les Actes des Apôtres, et Isaïe, prêté à l'abbé de Saint-Georges, qui avait donné en gage un Psautier glosé.

Le troisième offre, pour l'Ecriture sainte : deux volumes de la Bible, saint Matthieu, saint Jean avec l'Apocalypse, l'Apocalypse avec plusieurs prophètes, le Cantique des Cantiques, les Epîtres canoniques, deux exemplaires des Epîtres de saint Paul.

Pour commentaires de l'Ecriture : les Morales de saint Grégoire, sur Job, en deux volumes ; un autre Commentaire anonyme sur Job, les Psaumes avec un Commentaire ancien, deux autres Psautiers glosés, saint Matthieu glosé,

---

(1) Pièces justificatives, n° 11.

un Livre de la Concorde des Evangiles, l'ouvrage de saint Isidore sur la Genèse.

Pour la liturgie : trois Passionnaires, six Homiliaires, un Bréviaire placé dans le chœur, un autre ayant appartenu à l'archevêque Hugues et à Borgnet, un Abrégé de tous les chants de l'Eglise, sept Missels, un volume des Epîtres et des Evangiles, quatre Epistoliers, trois Evangéliaires, un Graduel, trois Antiphonaires, deux Collectaires, un Lectionnaire, un *Liber episcopalis*, un Hymnaire.

Pour la patrologie : saint Irénée, le Pastoral et les Dialogues de saint Grégoire ; de saint Jérôme, le Symbole de foi au pape Damase, et les Epîtres ; de saint Augustin, la Cité de Dieu, le Livre des Rétractations, le Livre des Epîtres à Volusien, le Commentaire littéral sur la Genèse, le Livre à Pauline : *De videndo Deo* ; le livre des Allégories de l'Ancien Testament, par Isidore de Cordoue, exemplaire portant le nom de l'abbaye de Beaubec.

Pour la théologie et la jurisprudence : un Recueil des Lettres des Pontifes romains, un Livre des Conciles, un très ancien Recueil d'Autorités, un écrit de Smaragde, intitulé : *Ante et post prandium*, qui pourrait être un fragment de son commentaire sur la règle de saint Benoît ; des cahiers formant un volume de Discours ou d'Oraisons pour toute l'année ; un Livre des Canons, des Extraits des Canons, un Corps incomplet des Canons, un livre intitulé : *Parvi Canones*, et un autre : *Parvi Canones Evangeliorum.*

Pour la philosophie et les sciences : le Traité de la Musique de Boëce, le Traité de l'Ame de Cassiodore; Helpéric, moine de Grandfel, auteur d'un ouvrage sur le Comput ecclésiastique, dont Mabillon a donné la Préface dans ses Analectes, et que D. Bernard Pez a publié en entier dans ses Anecdotes ; Gerland, auteur de traités sur la musique, la dialectique et le comput.

Pour les belles-lettres : Sedulius, Stace, les Bucoliques, le traité du grammairien Priscien, *De Conjunctionibus*, qui, avec Donat et Marcianus Capella, était alors toute la ressource des professeurs; une partie du second Donat, abrégé du *Grand Donat*, à l'usage des commençants ; un Juvénal et trois Ovides.

Pour l'histoire : un livre *De Institutione religionis rothomagensis ecclesiæ*, ce qui peut signifier la règle et les constitutions des chanoines ; le Martyre de saint Georges ; la Vie de saint Maurile, évêque d'Angers, écrite au VIIe siècle, par Magnobode, évêque de la même ville, et publiée depuis par Surius au 13 septembre; enfin, la fameuse Chronique de Fréculphe, évêque de Lisieux, l'ouvrage le mieux conçu et le plus savant de tous ceux qui nous restent du IXe siècle, et qui aurait, d'après un critique, servi de modèle à l'immortel auteur du discours sur l'Histoire universelle (1)

Nous ne disons rien d'un manuscrit intitulé : *Mariale*, sur lequel nous manquons de renseignements.

Tous ces catalogues présentent ensemble un total d'environ cent soixante volumes réunis dans la métropole de Rouen à la fin du XIIe siècle. Vers la même époque, la célèbre abbaye du Mont-Cassin ne comptait que quatre-vingt-dix volumes, l'abbaye de Moyen-Moutier en possédait soixante-sept, l'église d'Angoulême, cent. « On pouvait citer, « comme une collection très magnifique, les cent volumes « d'écriture sainte, et les soixante auteurs profanes réunis « dans l'abbaye de Gemblours, en Belgique, vers 1050; « mais les deux cents volumes rassemblés au IXe siècle « dans l'abbaye de Pontivy, en Bretagne, sont un exemple « unique qu'on ne rencontre dans l'énumération d'au-

(1) Petit-Radel. *Bibliothèques anciennes*, p. 75.

« cune bibliothèque de France ni des régions voi-
« sines (1). »

Il est remarquable que, des cent soixante volumes de l'église de Rouen, les deux tiers à peu près avaient été acquis dans l'espace d'un demi-siècle. D'où vient un accroissement si rapide ? Nous sommes porté à l'attribuer aux esprits éminents qui s'étaient donné rendez-vous dans notre métropole, et firent du XIIe siècle une des plus belles époques de son histoire littéraire Contentons-nous de citer, parmi nos archevêques : Hugues d'Amiens, à la fois hébraïsant, canoniste, apologiste, agiographe, théologien, en commerce de lettres avec Suger et saint Bernard ; Rotrou de Warwick, qui interprétait la Bible et traçait, pour l'héritier de Henri II, un curieux plan d'études où il cite Jules César, Pline l'ancien, Quinte-Curce, Plutarque, Suétone, et ces vers d'Ovide :

Adde quod ingenuas didicisse fideliter artes
Emollit mores, nec sinit esse feros.
(De Ponto. Lib. II, Eleg. IX.)

Gautier le Magnifique, que ses lettres, ses ouvrages de droit et d'histoire mettent au rang des beaux esprits de son temps, et qui abandonna à son église tous les livres de sa chapelle et de sa bibliothèque (2). Parmi nos chanoines, est-il besoin de citer Pierre de Blois, l'un des plus féconds et des meilleurs écrivains du XIIe siècle ; le doyen Jean de Coutances, depuis évêque de Worchester, auquel Pierre de Blois dédia son excellent opuscule : ***De Institutione episcopi***, l'un des meilleurs que l'époque ait fournis sur cette matière ; le doyen Roger, qui avait professé les

(1) Petit-Radel. *Bibliothèques anciennes*, p. 103 et suiv.
(2) Chartul. B. Mariæ Rotom., p. 122.

arts libéraux à Paris, et dont le même Pierre de Blois a loué la science et la modestie ; Gondulfe enfin, l'ami de saint Anselme, qui devint évêque de Rochester, renommé pour son éloquence pathétique, et son zèle à corriger de sa main les copies des livres sacrés (1) ? C'est compléter l'histoire de la Bibliothèque de l'église de Rouen, que de rappeler les noms de ces hommes illustres qui en compulsèrent les manuscrits, et l'enrichirent de leurs propres ouvrages.

DEUXIÈME ÉPOQUE.

La Bibliothèque survécut, au moins en partie, au terrible incendie de la nuit de Pâques de l'an 1200, qui détruisit la Cathédrale et la plus grande partie de la ville. Nous en avons pour témoins plusieurs de ces antiques manuscrits dont nous avons parlé : le Livre d'ivoire, le Bénédictionnaire de l'archevêque Robert, qui subsistent encore, le livre de médecine du temps de l'archevêque Geoffroi, qu'on retrouve, avec ses plantes figurées, dans les Actes capitulaires, au 7 octobre 1399, les Epîtres de saint Jérôme, autrefois données à l'église par Rotrou, et qui reparaissent avec le nom de ce prélat, dans les mêmes actes, au 26 octobre 1413. Les chanoines avaient donc arraché leur bibliothèque aux flammes, comme les moines de Fleury-sur-Loire l'avaient fait, un siècle auparavant, à pareil jour, et dans un semblable désastre (2). Mais la nécessité de construire une nouvelle Cathédrale dut arrêter pour longtemps l'essor des études et faire tomber la Bibliothèque dans une sorte d'oubli. Nous savons néanmoins que le trésorier du

---

(1) D. Rivet, t. IX, p. 373-16, et Anglia sacra, t. II.
(2) Acta SS. Bened. Sæc. 4, pars 2ª, p. 409.

Chapitre, Guillaume de Saâne, formait alors la collection de livres d'écriture sainte et de théologie, qui passa tout entière dans le collége des *Thrésoriers*, qu'il avait fondé à Paris (1269) (1). Le doyen du Chapitre, Philippe d'Umbleville, possédait, en 1288, une petite bibliothèque composée surtout de livres de droit : « Corpus juris civilis. — « Summa Aconis (aliàs Assonis, Azon). —Liber decretorum « decretalium.—Summa Gonfredi (alias Gofredi).— Diges- « tum vetus.-- Infortiatus.— Digestum novum (2). » Nous remarquerons encore que l'archevêque Eudes Rigaud, dans le cours de ses visites, ne perdait pas de vue les chartes et les cartulaires, les passionnaires et les bibles, les manuscrits prêtés ou mal reliés, les catalogues et les bibliothèques des monastères, d'où l'on peut inférer qu'il n'était pas sans sollicitude pour celle de son église métropolitaine (3).

Mais, pour y trouver des améliorations importantes, il faut descendre jusqu'au milieu du XIVe siècle, au temps où siégeaient dans le Chapitre Gilles Deschamps, depuis cardinal et l'un des maîtres de Gerson au collége de Navarre, le doyen Nicolas Oresme, et le grand-chantre Pierre d'Ailly, personnages qu'il faut non-seulement compter parmi les gloires de l'Eglise de Rouen, mais encore parmi les plus grandes figures de l'histoire ecclésiastique au XIVe siècle.

A partir de cette époque, une noble émulation s'empara des chanoines pour enrichir leur Bibliothèque. Nous ferons

---

(1) Voir notre Histoire du Mont-aux-Malades, p. 275-16.

(2) Vidimus de son testament (1289). Nous en devons la connaissance à M. Ch. de Beaurepaire, conservateur des archives de la Seine-Inférieure.

(3) Regestrum visit. et Hist. littér. de France, t. XXI, p. 616-28.

connaître ceux de leurs dons que nous avons pu rencontrer dans nos faibles recherches

Legs de Guillaume Jacob, 16 septembre 1379. —Sextus liber decretalium. — Unum parvum volumen. — Digestum novum. — Digestum vetus. — Apparatus cardinalis, livre bien connu du cardinal Henri de Suze, évêque d'Ostie, sur le droit canonique. — Unum aliud parvum volumen. — Alius sextus liber decretalium. — Archidiaconus super Sexto (Gui de Bajiso, archidiacre de Bologne, qui a commenté les Décrétales.)

Legs de B. Renaud, même jour. — Decretum. — Decretales. — Clémentine. — Sextus liber Decretalium (1),

Jean de Pontoise donna les sermons de Maurice de Sulli, évêque de Paris (17 juillet 1381); Nicolas Oresme, les Epîtres de saint Paul glosées (10 février 1382); Jean Hauvet, curé de Royville, un Office de sainte Catherine (2 juillet 1384) et un inconnu, le livre *De claustro animæ*, souvent attribué à Hugues de Saint-Victor, mais qui est de Hugues du Fouilloi, et dont Mabillon fait le plus grand éloge (2).

Legs du doyen Hugues de Lenvoisie (7 mai 1414) :

Et primò : Catholicus. (On a d'un Novatus Catholicus : Sententia de humilitate, obedientiâ, et calcandâ superbiâ.)

Item : Liber qui incipit : Prefatio virorum...

Item : Alius liber qui incipit : Incipiunt sermones fratris Guillelmi.

Item : Augustinus : De civitate Dei.

Item : Epistola quam auctor libri diligit.

Item : Epistola Hugonis, archiepiscopi Rothomagensis.

Item : De Evangeliis et differencia.

---

(1) Reg. capit., 1379.

(2) Annal. Bened., t. VI, p. 459.

Nous signalerons encore, mais sans pouvoir en indiquer la provenance, une belle Bible sans commentaires (1416), un beau volume appelé le Livre des Conciles, écrit sur papier en 1406, de la main du tabellion du Chapitre, et un Catholicon.

Ces divers ouvrages ne dormaient pas inutiles dans la poussière de la Bibliothèque. En 1369, nous trouvons le doyen Nicolas Oresme feuilletant l'Ancien Testament, les Evangiles, le livre des Conciles, le Sexte, et l'Histoire naturelle de Pline (1); il travaillait alors à traduire les Politiques d'Aristote pour le roi Charles V, son élève. A la prière de ce monarque, les chanoines décidèrent que, jusqu'à l'entier achèvement de l'ouvrage, Nicolas Oresme percevrait ses revenus et distributions sans être obligé de paraître au chœur, ni au chapitre (2). Le chanoine Henri de Fécamp compulsait les livres de médecine (1399), et le chancelier Thomas Legrand, les ouvrages de droit La Bible, les Lettres de saint Augustin, la Cité de Dieu, Pline le Naturaliste, le Cloître de l'âme, les Conciles, les Lettres de saint Jérôme, le Catholicon, les Sermons de Maurice de Paris, circulaient dans les mains des chanoines Pierre de Siherville, Guillaume Carel, Pierre de Corbie, Jean de Pontoise, Guillaume Gorren, Gilles Deschamps, Gaspard Charité (1382 - 1416).

Mais leurs études ne se bornaient pas aux livres de leur propre Bibliothèque. Il est curieux de voir l'abbaye de Saint-Ouen prêter, à la même époque, à Pierre de Siherville, les Commentaires de saint Augustin sur les Psaumes,

---

(1) Reg. capit., 4 mars 1369.

(2) .... Fuit concessum.... ad requestam Regis, quod percipiat fructus, usque ad perfectionem libri Polleticorum quem scribit pro dicto D. Rege... (Reg. cap., 18 aoust 1372).

au doyen Jean de Pontoise, l'Histoire Romaine de Florus, à l'archevêque Guillaume de l'Etrange les Œuvres de Cassien; à Gilles Deschamps, qui paraît le plus infatigable à l'étude, les Commentaires de saint Grégoire sur le Cantique des Cantiques, de saint Thomas d'Aquin, sur saint Matthieu, de Gilles de Rome sur le premier livre des Sentences, la Règle de saint Benoît, Cicéron *De officiis*, Isidore *De virtutibus*, un Recueil de sentences des Pères de l'Eglise, etc, etc. (1)

Cependant, tous ces hommes studieux manquaient jusque-là d'une salle spéciale pour ranger leurs livres et vaquer en commun à l'étude. Aussi, le chapitre adopta-t-il, à l'unanimité, le 29 juillet 1424, le projet de construire une *étude ou librairie* (*quoddam studium, seu unam librariam*). Une commission de chanoines, assistés de jurés et d'experts, arrêta de placer cette construction sur le cellier du chapitre, où l'on pesait et délivrait le pain des chanoines. L'année 1428 suffit pour élever un modeste bâtiment en bois, dont l'achèvement provoqua bientôt des libéralités jusqu'alors inouïes.

André de Marguerie, chanoine et archidiacre du Petit-Caux, donna de son vivant, *pour le salut de son âme*, les dix-sept ouvrages suivants (13 mars 1432):

1. Decretum integrum, paleatum, cum glossa ordinaria Bartholomei Bricensis. — 2 Lectura Domini Archidiaconi vocata Rosarium super Decreto. — 3. Decretales cum glossa ordinaria Bernardi addonnata. — 4. Pars lecture Domini Hostiensis super antiquis Decretalibus. — 5. 2ª pars lecture dicti D. Hostiensis super Decretalibus predictis. — 6. Lectura Domini Innocentii quarti. — 7. Prima

(1) Biblioth. de l'Ecole des Chartes, 3ᵉ série, t. I, p. 216, article de M. Léopold Delisle.

pars lecture Domini Henrici Bouhic super Decretalibus. — 8. 2ª pars lecture dicti Henrici Bouhic super dictis Decretalibus. — 9. 1ª pars novelle lecture Domini Jo. Andree super antiquis Decretalibus. — 10. 2ª pars dicte novelle Jo. Andree super dictis Decretalibus. (Jean d'André était le plus célèbre canoniste du XIVe siècle. Ce fut, dit-on, en souvenir de sa fille Novella qu'il appela *Novellæ* ses commentaires sur les Décrétales.) — 11 Sextus Decretalium cum tribus apparatibus Jo. Monachi, D. Archidiaconi, et Jo. Andree — 12. Lectura novelle dicti Jo. Andree super Sexto Decretalium cum mercurialibus. (On a des *Quæstiones Mercuriales* de Jean d'André, qui furent imprimées à Lyon en 1572). — 13. Textus Clementinarum cum tribus apparatibus Guill. de Monte-Laudunο, Jo. Andree et Pauli de Lazaris (On connaît, de Guillaume de Monte-Lauduno, des *Repetitiones in aliquot titulos juris civilis*, imprimées à Venise en 1567.) — 14. Volumen continet duas partes principales : in 1ª parte est Speculum juris, cum additionibus Jo. Andree : in 2ª parte principali est Repertorium juris. — 15. Continet primam partem de Vita Christi in Evangelio edita. — 16. 2um volumen de Vita Christi, continens duas partes de Vita Christi in Evangelio edita, quarum 1ª pars est tertia in ordine de Vita Christi ; continet gesta ejus à principio anni XXXIII, usque ad Passionem exclusivè. 2ª pars, quæ est quarta in ordine, continet historias Passionis, Resurrectionis, Ascensionis. Ces détails prouvent qu'il s'agit de l'ouvrage de Ludolphe de Saxe, que nous verrons plus tard publié par un chanoine de Rouen. — 17. Summa de Casibus edita a magistro Remundo cappellano et penitentiario Pape : c'est la Somme des cas de conscience de saint Raimond de Pegnafort. (1)

(1) Reg. capit., 13 mars 1432.

Le 20 février 1436, les exécuteurs testamentaires du chanoine Pierre Maurice, célèbre professeur de théologie, apportèrent au Chapitre trente-deux volumes, parmi lesquels nous distinguons des ouvrages de saint Thomas d'Aquin, de Nicolas de Lyre, de saint Bernard, de Jacques de Voragine, de Pierre le Mangeur, de Jean de Salisburi, de saint Prosper, de Virgile, de Térence, de Végèce. Nous sommes contraint de renvoyer aux Pièces justificatives cette longue nomenclature. (1)

Nous passerons sous silence les ouvrages provenant du fameux Pierre Cauchon, évêque de Lisieux (1444), les dons des chanoines Guillaume de Baudribosc (1442) et Jean Ledengié. Ce dernier offrit une Bible remarquable que lui avait donnée la dame de Bavière, sous promesse de prier pour l'âme de Jean Le Sannier, et qu'il donna lui-même à la condition expresse que lui et Jean Le Sannier participeraient à toutes les prières, oraisons, aumônes, et autres bonnes œuvres qui se feraient dans la Cathédrale. (10 avril 1437.)

On jugera de la beauté de quelques-uns de ces livres par le prix de trois Bibles que le Chapitre mit à l'encan dans un moment de détresse. La première fut adjugée au chanoine Laurent Surreau pour dix écus d'or, la seconde au même pour quatorze écus d'or ; la troisième atteignit le prix de trente écus d'or. (2)

Le nombre des volumes croissait tellement, qu'en 1446 on parlait, dans le Chapitre, de demander du bois dans les forêts du roi pour continuer le bâtiment de la Bibliothèque. Ce ne fut néanmoins qu'en 1477 (20 février) qu'on arrêta de la prolonger jusqu'au four du chapitre, en muraille de

---

(1) Pièces justificatives, n° V.

(2) 8 mars 1450, 26 avril et 10 mai 1452.

bois et de briques; mais, le 9 mars suivant, il fut décidé qu'on emploierait la pierre de taille, et que la construction s'arrêterait à la maison du procureur de la fabrique. Pour y donner accès par l'intérieur de l'église, le maître de l'œuvre, Guillaume Pontifs, éleva, dans le transept-nord, le noble et gracieux escalier de pierre qui passe encore pour un des plus beaux ornements de la Cathédrale (1479).

Enfin, le 20 mars 1480, pour ajouter à la décoration de l'église, et pour répondre à la majesté de cet édifice, disent les chanoines, *ad Ecclesie venustatem et decenciam ampliorem*, on décide que la Librairie sera prolongée jusqu'à la rue, et c'est alors que s'élève cette magnifique salle de cent pieds de long sur vingt-cinq de large, qui règne sur la droite de la cour des Libraires, et où la munificence éclairée des archevêques et des chanoines devait entasser de nouvelles richesses littéraires jusqu'à la Révolution française.

Jean Ibert, *pour l'accroissement de la gloire de Dieu et du Trésor de l'Eglise*, offrit un très beau Passionnaire (1); Philippe de la Rose, un magnifique Décret de Gratien; Jean du Bec, un Térence en latin et deux très grands et très beaux manuscrits sur vélin et en français; l'un intitulé: *Proprietates rerum*, l'autre: *Traduction des Politiques d'Aristote*, sans doute du doyen Nicolas Oresme (2). Le chapelain Pierre Selle donna la Bible mise en vers latins par Pierre de Riga (1490); les chanoines Jean de Gouves et Louis de Groussi, leurs livres de droit (1493). Pierre Courel apporta lui-même, sur le bureau du Chapitre, pour être

(1) .... Ad ampliorem Ecclesie augmentationem et Dei laudem, dedit librum unum pulcherrimum Passionarium nuncupatum. (Reg. capit., 9 sept. 1479.)

(2) .... Duo perpulchra volumina in pergameno et lingua materna ac magno volumine conscripta... (17 avril 1483 et 29 juillet 1484).

enchaîné dans la librairie, un livre d'astrologie en français, sur parchemin, écrit et orné avec élégance (1). Pierre Escoulant, chanoine et curé de Sainte-Marguerite-sur-Duclair, légua les Epîtres de saint Jérôme et l'ouvrage de Boccace, *De casibus virorum illustrium* (7 sept. 1489); Robert Chuffes, archidiacre d'Eu, trois livres de médecine, un Avicenne, un Gallien et un volume de commentaires en papier, interfolioté de feuilles de parchemin (18 fév. 1491); enfin Pierre Leschamps, appelé aussi d'Esneval, onze volumes imprimés sur papier, les premiers que nous voyons entrer dans la Bibliothèque, et qu'il faut peut-être compter parmi les premiers produits des presses rouennaises (1484). Ces livres étaient deux tomes du *Speculum morale*, et deux tomes du *Speculum doctrinale* de Vincent de Beauvais, deux tomes d'un ouvrage intitulé : *Pantheologia*, et cinq volumes sur le Droit canonique par Nicolas Tudeschi, plus connu sous le nom de Panorme, et surnommé le Flambeau du Droit (2). Si nous prenons à la lettre l'acte capitulaire du 4 juin 1492, le grand-chantre, Michel Petit, aurait imprimé lui-même un certain livre de la Bibliothèque avec la permission du Chapitre (3). Dix ans plutôt, on avait vu Pierre Plume, chanoine de Chartres, imprimer sur vélin,

---

(1) .... Reddidit super Burellum quemdam librum astrologie in pargameno, lingua gallica eleganter conscriptum et adornatum, pro affigendo ad librariam cum aliis. (Reg. cap., 6 mars 1493).

(2) Une liste d'ouvrages imprimés avant 1500, adressée par Dom Gourdin, en 1792, aux Administrateurs de la Seine-Inférieure, présente : *Du baptême et des œuvres de miséricorde*, Rouen, 1469. Dom Liron, t. 4, p. 521, cite : *De consideratione* ; *Apologia de præcepto et dispensatione*, Rothomagi, 1475. Nous laissons à ces deux bénédictins la responsabilité de ce qu'ils avancent.

(3) Accordaverunt tradi mutuò D. Cantori assertum librum consistentem in libraria, ab eo requisitum, pro eo, ut dicebat, imprimendo. (Reg. capit., 4 juin 1492).

dans sa propre maison, un bréviaire in-12 et un missel in-folio (1). D. Liron a dressé une liste de prêtres imprimeurs, où figure Sixte Russinger, qui porta le premier à Naples l'art de l'imprimerie, en 1471 (2)

Mais les plus riches présents qu'on rencontre à cette époque, sont ceux de Richard Perchart, chanoine de Rouen et curé de Saint-Gervais de Paris. Ce sont : un grand et somptueux Missel, orné de vignettes et de figures, couvert de soie, et muni de deux fermoirs d'argent ; un Missel plus petit, orné de fermoirs semblables ; un Graduel noté et un Bénédictionnaire (3). Eblouis par la beauté de ces précieux manuscrits, les chanoines éclatèrent en transports de reconnaissance, que leur secrétaire n'a pu peindre que par ces mots : *Domini actiones gratiarum immensissimas retulerunt.*

Le Chapitre s'imposa à lui-même de sévères règlements pour assurer la conservation de ses livres. Le soin de dresser un catalogue fut confié à quatre chanoines expérimentés. Robert Duquesnai et Nicolas Guernier firent le dénombrement des livres d'Ecriture sainte et de Théologie, Jean Lenfant et Etienne Tuvache, celui des ouvrages de Droit canonique, de Droit civil et des autres (3 février 1483). La plupart des manuscrits étaient fixés par des chaînes dans la Bibliothèque Telle était la coutume au moyen-âge ; nous la trouvons encore en vigueur dans la Bodleïenne, en 1674 (4). Les chaînes étaient si longues dans la Bibliothèque de 1428, que, d'une, le Chapitre en fit faire deux et

(1) Petit-Radel. Biblioth., p. 207, 8.

(2) Singularités histor. et littér., t. I, p. 357.

(3) Unum præcipuum et sumptuosum Missale, coopertum serico, cum firmaturis duabus argenteis, deauratis. (Reg. capit., 13 et 16 aoust 1485.)

(4) Catal. Bodleian. Præfat., p. 3

même trois, dans celle de 1479 Quiconque laissait un livre ouvert payait une amende de dix deniers tournois (20 août 1436). Les livres n'étaient prêtés que sur gages, même aux membres du chapitre. Permis au doyen Nicolas Dubosc d'emporter le traité de la Puissance ecclésiastique, pourvu qu'il engage les Lettres de saint Jérôme (1455). Guillaume Roussel n'obtient les poésies de Sédulius, et une Table alphabétique de la Cité de Dieu, qu'en déposant l'Explication d'Isaïe par maître Hervé (1469). Robert Duquesnai apporte la Glose ordinaire sur les Petits Prophètes, pour avoir la Table de la Cité de Dieu (1470); Jean Gouel, un Infortiat pour obtenir les Sermons de Jacques de Voragine (1471). Le sous-chantre Jean Quatreul est contraint de déposer deux petites coupes d'argent pour obtenir un Traité des Oiseaux (1), qui était lui-même un gage donné par les moines de Beaubec (1475). Le supérieur général de l'Ordre des Dominicains, de passage à Rouen, ne peut emporter un Juvénal qu'en laissant un livre équivalent (22 juin 1491). Les seuls chanoines pouvaient avoir des clefs de la Librairie, et y vaquer à l'étude. Ils faisaient serment de ne les prêter à personne, et devaient les montrer de temps en temps au Chapitre assemblé. Seize d'entre eux, habitués de la Bibliothèque, les produisirent au chapitre général du 22 août 1439. Ce ne fut pas sans de vives protestations de la part du chanoine Jean Pinchon, qu'on en accorda l'entrée à quelques maîtres-ès-arts, Jean Périer, Jean Pigache, Gilles Loison, Richard Labuffe, Jean d'Eudemare, à quelques chapelains de la Métropole, Pierre Pigache, Raoul de Carville, etc., quoiqu'on les eût

---

(1) Concessus quidam liber de Avibus, existens de libris impignoratis per Religiosos de Bellobecco, et dedit ipse Quatreul in pignus unam parvam tesseram et parvum cifum argenteos. (Reg. capit., 27 déc. 1475.)

astreints au même serment que les chanoines (27 mars 1436).

Cependant le Chapitre, dans une délibération mémorable, du 20 août 1439, crut devoir tempérer la rigueur de ses règlements. « Considérant, disent les chanoines, « que la Librairie de cette église a été instituée pour profiter au plus grand nombre possible, après mûre délibération, nonobstant le statut qui n'accorde les clés « qu'aux seuls chanoines, nous décidons qu'elles pourront « être données aux personnes notables qui les demanderont. »

Cet acte, qui changeait libéralement la Bibliothèque de l'église en dépôt public, au milieu des désordres de l'invasion anglaise, à une époque où rien de pareil ne se voyait, si ce n'est peut être à Florence, dans le palais des Médicis, honore infiniment la mémoire du Chapitre de Rouen.

Dès lors, on y vit étudier Jean Lefèvre, pénitencier de l'archevêque Louis de Luxembourg, Simon de Plumetot, Guillaume Leduc, Richard de Gruchet, chapelains de l'église (1439); ils s'y rencontraient avec Robert Poutrel, Pierre Lesueur, Roger de Tournebu, Jean Raulin, docteurs en théologie, avec Alain Olivier, Robert Duquesnai, Etienne Haro, Pierre Richard, successivement titulaires de la prébende théologale, fondée dans chaque Cathédrale par les décrets des Papes et du Concile de Bâle. C'est au pied même de l'escalier de la Bibliothèque, dans le promenoir du Chapitre, que ces professeurs renommés expliquaient la Théologie et l'Ecriture à leurs auditeurs, rangés sur des bancs de pierre qui subsistent encore (1460-1499).

Parmi les habitués de la *Librairie*, à la même époque, n'oublions pas le doyen Jean Masselin, docteur en droit civil et canonique, qui compulsait les œuvres du canoniste Gallencinus (1479), et se préparait à paraître avec distinction dans les Etats généraux de Tours, dont il est l'historien (1484) (1), ni son neveu et homonyme, le chanoine Jean Masselin, qui écrivait sa Chronique des Archevêques de Rouen, dont le manuscrit fait partie de la Bibliothèque Nationale, ni le chanoine Thomas Basin, qui se préparait à écrire l'Histoire de Charles VII et de Louis XI, son mémoire improbatif du jugement de Jeanne d'Arc, et son *Breviloquium Peregrinationis*, si rempli de détails intimes sur les infortunes de l'auteur, et le lamentable état de la Haute-Normandie sous l'invasion anglaise, ni Jean Derly ou de Rely, professeur de théologie et confesseur du roi. Ce personnage, déjà illustre par ses remontrances au roi Louis XI, touchant la Pragmatique Sanction, et qui devait s'illustrer encore par son *Epître exhortative au Pape Léon X pour la recouvrance de la Terre-Sainte*, vint à Rouen avec Charles VIII, après les Etats généraux de Tours, où il avait prononcé tant de belles harangues. Une délibération spéciale du Chapitre autorisa le doyen à lui donner la clé de la *Librairie*, tant qu'il séjournerait dans la ville (2).

A côté de cette Bibliothèque capitulaire, si riche et si bien fréquentée, il s'en forma bientôt une autre très remarquable par la magnificence, sinon par le nombre des volumes ; je veux parler de celle du grand cardinal Georges d'Amboise, qui, au milieu de ses immenses tra-

(1) On doit à Jean Masselin le *Diarium statuum generalium*, publié en 1835 par M. Adhelm. Bernier, dans la Collection des documents inédits de l'histoire de France.

(2) Consenserunt clavem librarie dari per D. Decanum Mag. Jo. Derly, sacre theologie professori, confessori regio, durante sua presentia ad hanc civitatem. (Reg. capit., 20 avril 1485. Texte indiqué par M. Ch. de Beaurepaire.)

vaux pour le gouvernement de son diocèse et du royaume, faisait ses délices de l'étude des saintes lettres (1). Elle se composait de deux parties distinctes, la bibliothèque particulière du prélat, d'environ quatre-vingts volumes, et la collection d'à peu près cent quarante volumes, achetés du roi de Naples Frédéric, qu'il avait contraint de passer en France, et à qui il donnait une pension de trente mille écus, avec la Touraine pour résidence (1501). Nous renvoyons aux pièces justificatives (n° VI), les deux catalogues, qui sont du plus haut intérêt. En les parcourant, on ne sait ce qu'on doit le plus admirer, ou de la rareté des ouvrages, ou de l'éclat des reliures, des miniatures, des ciselures, des étoffes précieuses, des fermoirs d'or et d'argent. Nulle part, peut-être, on ne trouverait une aussi brillante exposition des merveilles bibliographiques de la Renaissance. Le cardinal légua à son neveu, Georges II, tous ses livres latins, ***pourveu qu'il ne les vende, ne aliesne, sinon qu'il les voulsist donner aux poures de Dieu*** Ce sont les termes de son testament.

Le cœur se serre en songeant que tant de richesses artistiques et littéraires devaient périr en partie dans les guerres atroces du XVIe siècle. Dans la seule tourmente de 1562, la Cathédrale perdit deux Missels couverts d'or, et tous les autres livres liturgiques que les protestants trouvèrent dans les sacristies. La Bibliothèque elle-même fut pillée par les hérétiques ; cependant, comme en 1200, on en sauva de précieux débris, aujourd'hui disséminés dans nos bibliothèques publiques ; mais, à la suite de ce désastre,

---

(1) ... Cùm studiis litterarum, præsertim earum quæ ad religionem nostram pertinent, quantùm infirmitas nostri ingenii concedit, maxime delectemur. (Bref du cardinal aux chanoines de la Sainte-Chapelle de Bourges.)

elle languit dans une sorte d'oubli jusqu'au pontificat de François Ier de Harlai, qui devait la faire sortir plus brillante de ses ruines.

TROISIÈME ÉPOQUE.

Si l'on parut perdre de vue la Bibliothèque pendant un demi-siècle et plus, après la catastrophe de 1562, ce n'est pas que les habitudes studieuses et l'amour des livres se fussent éteints dans l'église de Rouen. Le cardinal Charles Ier de Bourbon forma une magnifique bibliothèque, toute reliée en maroquin, qu'il donna vers 1580 aux Jésuites de la rue Saint-Antoine. Lui-même, avec l'aide de ses chanoines Louis de Mainteternes et Marien de Martimbos, prépara l'édition réformée du Bréviaire de Rouen, qui parut en 1579. Le bénédictin D. Jacques du Breul, son historien, raconte que le cardinal lui avait créé, dans sa cellule, une bonne bibliothèque bien connue des savants de l'époque, qu'il aimait à s'y retirer avec M. de Martimbos, et que leurs doctes entretiens s'y prolongeaient souvent fort avant dans la nuit (1). Son successeur et neveu, Charles II de Bourbon, fut le plus ardent ami des gens de lettres et le plus grand amateur de livres qu'il y eût en son siècle (2). Possevin fait un grand cas de la bibliothèque du cardinal de Joyeuse, composée de trois autres, qu'il légua aux jésuites d'Avignon. C'est aussi au XVIe siècle et au commencement du XVIIe, que le Chapitre

---

(1) Epître dédicatoire du saint Isidore de Séville, de D. du Breul... P. Jacob, biblioth., p. 520... — Naudé, Advis..., p. 106.

(2) Amor et desiderium ipsi ingens librorum... (Frizon, p. 652, et Jacob, p. 681).

de Rouen produisit un plus grand nombre d'écrivains, et d'ouvrages de théologie et de critique, de jurisprudence et d'histoire, de musique et de poésie. Nous citerons l'ouvrage de Pierre Mésenge sur son voyage de la Terre-Sainte (1), l'édition d'une partie des Œuvres de Lanfranc et de Paschase Radbert, par le pénitencier Guillaume Lerat (1540) ; le *Speculum curatorum* d'Arthur Fillon, composé de huit à dix traités de théologie dogmatique et morale (vers 1520); les écrits théologiques du grand-chantre Adam Séquart, l'ami de Possevin (vers 1560); l'histoire du Privilége de saint Romain, le *Theonomagium*, le Discours de la vie de saint Louis, par Claude Séquart (1597) ; la *Vertu du Catholicon d'Espagne*, de Pierre Leroi aumônier du jeune cardinal de Bourbon (1593) ; les compositions musicales de Guillaume Leroi, de Henri Frémart, de Jean Titelouze, et la Chronique de Normandie de l'archidiacre Nagerel. Et que dire de l'activité du pénitencier Jean Dadré, qui donna des éditions de la vie de J.-C, par Ludolphe de Saxe, des Œuvres complètes d'Eusèbe de Césarée, de la Glose ordinaire, sans compter ses *Loci communes* empruntés à toute l'antiquité, tant sacrée que profane, sa *Chronologie historiale* des Archevêques de Rouen, et ses opuscules pour la défense des droits du Chapitre et du privilége de saint Romain ? Nous permettra-t-on de rappeler encore l'Histoire de Guillaume-le-Conquérant, par François d'Eudemare, son livre des Métamorphoses Divines, qu'il composa dans le cours d'une maladie (1631); ses *Observations Davidiques* sur les versions des psaumes, sa *Déclaration de la Vérité contenue aux psaumes*, contre Marot et Théodore de Bèze ; les poésies latines et

(1) Manuscrit à la Bibliothèque de Rouen, n° $\frac{171}{173}$

surtout le *Solatium Musarum* de l'archevêque François de Harlai (1623) ; les poésies de François Métel de Boisrobert, l'un des premiers membres de l'Académie française ; la ***Règle des Moniales*** de l'Abbaye de Saint-Etienne, près Soissons, par l'archidiacre Adrien Behotte, sa réponse à l'Anti-Coton, son Apologie pour saint Romain, ses écrits sur le Droit de visite des Archidiacres, sur le Droit de déport et sur son Origine (1630) ; le Manuel de Rouen, composé par le grand-vicaire André Guyon, ses Remontrances au Parlement sur l'octroi des sentences fulminatoires, son Eloge funèbre du président Jeannin ; le livre du théologal Pierre Hallier, frère du célèbre évêque de Cavaillon, contre Dumoulin, ministre de Charenton ? Je ne dirai rien de toutes les Œuvres morales, spirituelles, polémiques, historiques de Jean-Pierre Camus, évêque démissionnaire de Belley, créé grand-vicaire administrateur du diocèse de Rouen (vers 1630), œuvres qui forment près de deux cents volumes, parmi lesquels on distingue toujours l'aimable livre de l'***Esprit de saint François de Sales***. C'en est trop pour montrer de quel mouvement intellectuel le Chapitre de Rouen fut agité de 1530 à 1630, et que, sous de tels hommes, la Bibliothèque ne pouvait être destinée à un éternel abandon.

C'est à Pierre Acarie, chanoine et pénitencier, que revient l'honneur d'avoir commencé sa rénovation, en offrant au Chapitre ***tous et chacun ses livres au nom et faveur de Notre-Dame, pour en disposer à commencer une bibliothèque*** (16 août 1632). Mais l'archevêque François de Harlai, « voulant laisser aux siècles à venir « quelque marque signalée de son affection singulière au « service de Dieu, et défense de la doctrine chrétienne... ; « faire paraître ses bonnes affections entièrement dévouées « à l'honneur et au bien de son église, en laquelle il tenait « la place des éminentissimes cardinaux d'Amboise, ses

« grands oncles, de très heureuse mémoire (1), » effaça bientôt la générosité de Pierre Acarie, en donnant toute sa bibliothèque du palais de Gaillon, qui fut apportée à Rouen dans six grands tonneaux (2). Des livres hébraïques, syriaques, polyglottes, les meilleures éditions des Pères, des Théologiens et des Anciens, composaient cette collection, qui montait à treize cents volumes, et pouvait être estimée à quarante mille livres (3). Le catalogue, conservé aux Archives du département, mentionne aussi quelques manuscrits, entre autres : les Paraboles de Salomon, sur vélin, la Marche des Gaules et de la Petite-Bretagne, et un autre, intitulé : Cy commencent les Rubriques des Fables d'Ovide. Le prélat offrait, en même temps, six cents livres de rente pour acheter des livres et pensionner un bibliothécaire, car il entendait « que la « Bibliothèque fût ouverte aux chanoines depuis le lever « du soleil jusqu'au soleil couché, ainsi qu'aux personnes « doctes et studieuses, et aux étrangers (4). » Il couronna bientôt ses libéralités en offrant au Chapitre un nouveau présent de quatre-vingts volumes in-folio, et une coupe de bois de quarante mille livres dans le parc de Gaillon, à partager entre la Bibliothèque et la Musique de l'église (1633-1640). Une condition expresse du contrat fut qu'on inscrirait au-dessus de l'escalier ces deux vers, autrefois placés par saint Paulin sur l'entrée de la bibliothèque de saint Félix, à Noles :

Si quem sancta tenet meditandi in lege voluntas,
Hic poterit residens sacris intendere libris.

Dans ses synodes de 1640 et de 1645, François de

(1) Contrat de donation de la bibliothèque de l'Archevêque.
(2) Reg. capit., 23 mars 1634.
(3) Ibid., 9 février 1634, et Diaire de Séguier, p. 126-27.
(4) Contrat de donation. Aux Archives du département.

Harlai pressa ses prêtres de venir assidûment puiser à cette grande source de science ecclésiastique, qu'il leur avait ouverte. Ses prêtres répondirent à ses vœux. Il raconte lui-même, avec bonheur, que des lecteurs de toutes les classes se pressaient dans la Bibliothèque (1) ; le chancelier Séguier, avec toute sa suite, ne dédaigna pas de la visiter en 1639, et le Chapitre lui fit présent d'un bel exemplaire des Conciles d'Espagne (2).

Ainsi, en 1634, Rouen, grâce au clergé de sa cathédrale, jouissait du bienfait d'une bibliothèque publique. Il est bien digne de remarque qu'à la même date, ni la Bibliothèque du roi, ni même la Mazarine, qui passe pour la plus ancienne bibliothèque publique de France, n'étaient encore ouvertes. L'Angélique, à Rome, ne datait que de 1620 ; la Bodléïenne, à Oxford, de 1612, et l'Ambroisienne, à Milan, de 1608 (3).

Suivons les accroissements de celle de Rouen. De 1632 à 1780, vingt bibliothèques particulières, la plupart léguées par des chanoines, vinrent s'y fondre successivement. Voici la nomenclature des donateurs, en suivant l'ordre chronologique :

1. Pierre Acarie (1632).
2. Monseigneur François de Harlai (1633).
3. Barthélemi Hallé, archidiacre d'Eu (1637).

. . . . Quos inclytus inter,
Hallæus totos librorum ingessit acervos,
Grandiaque adscripsit venerandum insignia nomen.

Les livres de M. Hallé sont encore nombreux dans nos

---

(1) Quò jam omnes ordines confluunt. (Fr. de Harlai, de Rebus ecclesiæ, p. 237).

(2) Reg. capit., 12 et 14 janv. 1640.

(3) Petit-Radel, Bibliothèques, p. 253-4.

bibliothèques ; on les reconnaît à ses deux initiales BH, entrelacées. Son portrait se retrouve aujourd'hui dans la bibliothèque du Palais archiépiscopal.

4. Adrien Behotte, grand archidiacre de Rouen (1638).

5. Jean Leprevost : nous le retrouverons à l'article des bibliothécaires (1648).

6. Robert Duval, chanoine, trésorier du Chapitre (1654).

7. François de la Fosse, théologal et pénitencier (1683).

Depuis la mort de monseigneur de Harlai (1654), la Bibliothèque n'avait pas été régulièrement ouverte, faute d'un traitement pour le bibliothécaire. M. de la Fosse leva la difficulté, en versant un capital de six mille livres, dont la rente devait payer à perpétuité le *Commis* de la Bibliothèque.

Fecit Apollineæ stipendia certa Palæstræ.

dit le poète déjà cité. Une inscription commémorative des libéralités de François de la Fosse fut placée à l'entrée de la Bibliothèque, et se terminait par ce trait : *Quod si hoc sacrarium non aperuit, effecit certè primus ut ne claudatur in posterum.* Sa bibliothèque compte parmi les plus belles qui aient été données au Chapitre. Son portrait, échappé à mille hasards, fait aujourd'hui partie du mobilier du presbytère de Saint-Ouen.

8. Joseph-Nicolas de Y de Seraucourt, docteur de Sorbonne, originaire de Reims (1703) : il était à la fois chanoine, grand archidiacre, vicaire général et official de Rouen. Son portrait, peint par Jouvenet, figure dans le Musée de Rouen, sous le n° 92.

9. Claude Champagne de Sericourt, chanoine, trésorier du Chapitre, vicaire-général et official (1709).

10. Richard Simon, ex-oratorien (1712). Ce fut en considération du doyen Jean de la Roque-Hue, son condis-

ciple, devenu son Mécène, que le célèbre hébraïsant donna ses livres et ses manuscrits au Chapitre de Rouen. L'abbé Saas en a donné la notice (1). L'abbé de Longuerue prétend qu'il les donna contre son intention, qu'il voulait en faire de l'argent, et qu'il en avait écrit à Turretin de Genève (2).

11. Jean de la Roque-Hue, doyen du Chapitre (1724) : cinq ans avant sa mort, il donna à la Bibliothèque tous ses livres, qui étaient nombreux et enrichis de notes marginales écrites de sa main. Son portrait se conserve dans la bibliothèque du palais archiépiscopal.

12. Pierre Robin des Bouillons, originaire de Coutances, docteur de Sorbonne, chanoine et archidiacre du Grand-Caux (1730).

13. Charles-Michel Lemennissier du Perron, originaire de Coutances, chanoine de Rouen. Outre sa bibliothèque, il légua au Chapitre une belle collection de tableaux (1734).

14. Jean-Pierre Louis, chanoine, docteur de Sorbonne (1744). Il donna à l'église plus de 1200 volumes, et 200 livres de rente à perpétuité, pour augmenter la Bibliothèque et le traitement du bibliothécaire. Il proposa même au Chapitre, conjointement avec M. l'archidiacre Paviot de la Villette, de fonder à ses frais un cabinet de curiosités, au bout de la Bibliothèque, et d'y placer à l'instant quelques raretés qui étaient en sa possession. Mais le projet, mis à l'étude pendant un mois, fut rejeté, nous ne savons pourquoi (3).

15. M. de Rupiere, curé de Saint-Michel de Rouen ; les registres capitulaires constatent le legs de sa bibliothèque, sans rien dire de sa valeur (1750).

---

(1) Notice des MMss. de l'Eglise de Rouen, p. 53-70.

(2) Longueruana, prem. partie, p. 66.

(3) Reg. capit., 4 juin et 1er juillet 1732.

16. Charles-René de Brinon, chanoine, docteur de Sorbonne, légua au Chapitre tous les livres de ses deux maisons de Rouen et de Paris, avec 100 livres de rente pour acheter des ouvrages de science ecclésiastique (1748).

17. En 1768, la Bibliothèque du Collége ayant été mise en vente, après l'expulsion des Jésuites, le Chapitre en acheta des parties importantes, entr'autres la grande Collection des Bollandistes. Comme les livres de l'ancien temple de Quevilly, autrefois donnés au Collége par Louis XIV, avaient été exceptés de la vente par les administrateurs de la maison, l'abbé Terrisse, doyen, fut chargé de les demander au roi, par l'entremise de l'archevêque de Reims, grand-aumônier, et des ministres Bertin et Saint-Florentin. Nous ignorons si la demande du Chapitre lui réussit (1).

18. Jean-Baptiste Cotton des Houssaies, docteur et bibliothécaire de Sorbonne, membre de l'Académie de Rouen (1783), donna tous ses livres de théologie à la maison de Sorbonne, ses livres de médecine à la Faculté de Paris, et au Chapitre de Rouen tous les ouvrages concernant les arts libéraux et mécaniques. Une lettre inédite de Dom Gourdin, du 2 mai 1793, nous apprend qu'elle montait à deux mille volumes, parmi lesquels il y avait beaucoup de choses rares et curieuses.

19. En 1737, monseigneur de Saulx-Tavannes acheta en entier, et installa dans son palais, la célèbre bibliothèque de monseigneur Lenormant, évêque d'Evreux, composée de 5,000 volumes. Le prélat vint en personne annoncer cette bonne nouvelle au Chapitre, qui considéra cette Bibliothèque comme un supplément de celle de l'église. Nous reviendrons sur cette importante collection.

---

(1) Reg. capit., 15 fév. et 27 mai 1768.

20. Parmi les dons moins considérables qui affluaient de toutes parts, je citerai cinquante exemplaires de l'histoire de la Cathédrale, offerts par Dom Pommeraie, qui avait reçu du Chapitre une gratification de 250 livres (1). La *Normandie chrétienne*, présentée par l'auteur, François Farin, alors clerc de Saint-Godard (1659). Les chanoines avaient aidé à l'impression de cet ouvrage pour une somme de 200 livres. Je distingue encore dans les registres une Bible de l'an 1400, donnée par le libraire Raphaël du Petit-Val (1642); les ouvrages de Samuel Bochart, offerts par le conseiller Dutot-Ferrare; tous les ouvrages de l'abbé Legendre, donnés par l'auteur, avec cette inscription touchante : *Pietatis ac observantiæ, erga Rotomagensem Ecclesiam matrem meam, pignus;* tous les ouvrages de Fontenelle; les écrits du frère Côme sur l'opération de la taille (1753), et les *Observations sur les maladies épidémiques en Normandie*, envoyées par l'auteur, M. Lépecq de la Clôture (1778).

La Bibliothèque renfermait, en outre, tous les portraits des chanoines qui l'avaient enrichie, depuis Pierre Acarie jusqu'à M. Louis. Parmi les portraits des archevêques, on remarquait celui du cardinal Georges d'Amboise, offert par M. Charles-André Conche, prêtre à Besançon (1732), celui de Robert de Croixmare, donné par madame de Vagnon et M. de Croixmare, écuyer du roi (1737). En 1727, M. Louis offrit, en un jour, dix-huit portraits d'anciens Archevêques de Rouen. Les portraits des archevêques François de Harlai (junior), Louis de Tressan, Dominique de La Rochefoucauld, avaient été donnés par ces prélats (2).

Les mesures de conservation étaient d'une étonnante sévérité. Le bibliothécaire jurait sur l'Evangile de ne transporter

(1) Reg. capit., 22 déc. 1685.
(2) Ibid., passim.

ni laisser transporter aucun volume hors de la Bibliothèque. Quelques livres ayant disparu momentanément en 1633, sur la réquisition instantanée du promoteur, tous les chanoines présents jurèrent sur leurs saints ordres,et sous peine d'excommunication, de n'enlever aucun ouvrage. Le 1er avril 1634, il y eut tempête au Chapitre parce qu'on avait emporté quelques livres de prix, contre les ordonnances. A l'instant, le promoteur demanda l'emploi des censures ecclésiastiques pour avoir *révélation et congnoissance de ceux qui avoient emporté lesdits livres*. Il afficha son monitoire à la porte de la Bibliothèque, et le fit même publier au prône de la paroisse Saint-Etienne-la-Grande-Eglise.

François de Harlai, sans cesse occupé de la composition de ses ouvrages, qui sont au nombre de plus de quinze, demanda au Chapitre en 1637, quelques Saints-Pères : Pierre Chrysologue, Optat de Milève, Salvien, Arnobe, Fulbert de Chartres et Bellarmin, *De Sacramentis* ; plus, quelques auteurs profanes : Homère, Juvénal, Perse, Pindare, grec et latin ; les vers du cardinal Barberin, et un Horace doré, édition Aldine. Le Chapitre ne put les refuser au digne prélat qui s'était dépouillé pour son église, mais il exigea un récépissé signé de sa main, et qui fut inséré dans le registre capitulaire : *Ita testor : fateor restituenda Bibliothecæ prædicta volumina. Datum in Palatio nostro archiepiscopali, anno Domini* 1637, *die verò* 16a *aprilis.*

Signatum :

Fr., *Archiepiscopus Rothomag.*

Le même prélat eut un jour fantaisie de voir le fameux Livre d'ivoire, dans lequel sont écrits les serments que les évêques de Normandie devaient faire à l'église de Rouen et à leur métropolitain. Les chanoines intendants de la fabrique *furent priés de lui porter ledict livre, afin de lui montrer sommairement ce qu'il en désiroit voir, même de lui faire extraire ce qu'il demanderoit, et de rapporter le dict livre, sans le lui laisser* (9 décembre 1628). Il est vrai qu'on se radoucit deux jours après. Les intendants furent autorisés *à présenter le dict livre à Monseigneur et à le lui laisser quelque temps, s'il le désiroit, mais en le priant de leur dire dans quel temps il le leur rendroit, afin qu'on pût le retirer.*

Quant à la Bibliothèque, elle était toujours accessible à tous les lecteurs, et surtout aux recherches des savants et des gens de lettres. André du Saussai, pour son Martyrologe gallican (1625); le P. Morin, pour ses Traités de la Pénitence et des Ordinations ; Farin, pour sa Normandie chrétienne et son Histoire de Rouen ; D. Hugues-Ménard, pour son Sacramentaire de saint Grégoire (1642) ; les bénédictins Godin, Pommeraie, Bessin, pour leurs éditions des Conciles de Rouen et de Normandie ; D. Mabillon, pour ses Analectes; D. de Sainte-Marthe et ses confrères, éditeurs des Œuvres de saint Grégoire; le père Ménestrier, pour son Histoire du Privilége de saint Romain (1691) ; D. de Montfaucon, pour sa Bibliothèque des Manuscrits; D. Martène, pour ses Etudes liturgiques ; Le Brun Desmarettes, pour ses éditions de Jean d'Avranches et de S. Paulin; M. de la Roque, pour sa grande Histoire de la Maison d'Harcourt, y puisèrent tout ce qu'ils voulurent, soit par eux-mêmes, soit par leurs correspondants. Souvent c'étaient les chanoines eux-mêmes qui se mettaient au service des auteurs, et se livraient pour eux à de longues et fastidieuses recherches. C'est ainsi qu'ils envoyèrent à l'abbé Legendre les titres du privilége de saint Romain, pour son Histoire du cardinal d'Amboise (1722) ; à André du Saussay, curé de Saint-Gilles-Saint-Leu à Paris, et depuis évêque de Toul, des Mémoires sur les antiquités et singularités de leur Église, pour son Martyrologe gallican (1625).

Ils poussèrent plus loin la complaisance à l'égard du P. Houbigant, oratorien : il était venu à Rouen consulter la fameuse Polyglotte de Richard Simon, pour l'édition de sa grande Bible hébraïque avec des notes critiques. Sur un simple reçu de ses supérieurs, ils lui permirent de l'enlever à Paris, où elle resta depuis juin 1745 jusqu'en septembre 1749, quoiqu'elle lui fût presque inutile pour ses travaux (1).

Cette confiance illimitée, si contraire aux anciens usages et règlements du Chapitre, compromit plus d'une fois les intérêts de la Bibliothèque. Comment se fait-il que le fameux *Regestrum visitationum* d'Eudes Rigaud, que D. Pommeraie voyait aux archives de la Cathédrale vers 1660, passa dans la collection de Gaignières, et de là dans la Bibliothèque du roi ? Quelle route a suivie l'original du Pouillé, du même archevêque, pour arriver aux mains du libraire Techener, qui le vendit, il y a peu d'années, à la Bibliothèque royale? Pourquoi trouve-t-on, parmi les manuscrits d'Emeric Bigot, trois Obituaires de la Cathédrale de Rouen, deux Chroniques des archevêques de Rouen, une chronique de l'église de Rouen, un Ordinaire de l'église de Rouen, le livre des Offices ecclésiastiques de Jean, archevêque de Rouen, un registre des revenus de l'Archevêque de Rouen signé par Georges d'Amboise II, un livre de comptes du Collége des Clémentins, clercs-chantres de la Cathédrale de Rouen? Comment, enfin, un magnifique Missel du XIIIe siècle, à l'usage de la Cathédrale de Rouen, figure-t-il successivement sur les catalogues Maccarthy, H. Drury et

---

(1) Après la description de la Polyglotte de R. Simon, le P. Houbigant ajoute : *In quibus schedis paucissima reperimus quæ in rem nostram conferrent.* (Præfat. CLII).

Thorpe? (1) Si 1562 et 1793 peuvent donner le mot de l'énigme pour un ou deux de ces manuscrits, reste à savoir par quelles voies mystérieuses les autres passèrent dans les collections Bigot et Gaignières, et s'il n'y a pas lieu d'accuser ici des prêteurs imprudents ou des emprunteurs infidèles.

Hâtons-nous de dire que les audacieuses entreprises de Colbert n'ébranlèrent point la fermeté du Chapitre. M. Richard, dans sa Notice sur la Bibliothèque des Échevins de Rouen, a savamment raconté comment le Ministre, aidé du premier-président, Claude Pellot, son parent, réussit à s'emparer des plus beaux manuscrits des Échevins, du conseiller de Mareste d'Alge, des abbayes de Bonport et de Foucarmont. On sait d'ailleurs que ses créatures et ses agents lui en envoyaient aussi par centaines du Languedoc, de Flandre, de Bretagne, de Lorraine, du Dauphiné (2),

(1) Je dois plusieurs de ces indications à M. Léopold Delisle, dont tout le monde connaît le rare savoir et la complaisance inépuisable.

(2) Mémoire historique ou Catalogue des imprimés de la Bibliothèque du Roi, p. LXXIV. L'auteur de ce Mémoire, et après lui M. Richard, paraissent s'être trompés en affirmant que Colbert acheta les manuscrits de Foucarmont. Qu'on en juge par cette lettre inédite de Claude Pellot au supérieur de cette abbaye. Nous la devons aux recherches et à l'obligeance de M. Ch. de Beaurepaire.

« Rouen, ce 10 mars 1682.

« Monsieur,

« Je vous suis, en mon particulier, sensiblement obligé *du présent que vous faites à M. Colbert de vos manuscrits.* Je le lui manderai; il en aura assurément de la reconnaissance dans les occasions, et s'il peut faire quelque plaisir à vous ou à votre maison, je vous réponds quil le faira très volontiers. Outre cela, c'est que ces manuscrits, qui sont mangés le plus souvent de la poudre dans des maisons, on en a soing dans sa Bibliothèque, et le public, s'il

qu'il enrichissait sa bibliothèque aux dépens des abbayes, des cathédrales, des particuliers, même aux dépens de celle du roi, si nous en croyons l'abbé de Longuerue. Mais il échoua auprès des Dieppois, dont il convoitait les Observations qui remontaient à plus de deux cents ans (1), et des chanoines de Rouen, auxquels il ne put arracher, nous ne savons comment, qu'un seul ouvrage. Ils conservaient précieusement, dans leur Bibliothèque, trois volumes in-folio, manuscrits, concernant l'Histoire ecclésiastique de Normandie, composés par le docte Jean Leprevost. Les Registres capitulaires font foi que, le 4 janvier 1649, six jours après la mort de l'auteur, N.. Leprevost, son frère, curé de Saint-Herbland, et depuis bibliothécaire de la Cathédrale, les déposa sur le bureau du Chapitre. Or, à une époque qui est incertaine, ces mêmes manuscrits entrèrent dans la collection Colbert, et l'ont

---

y a quelque chose de bon, en profite. Ainsi, Monsieur, je vous prie de les remettre à M. Patin suivant le Catalogue; je l'ai chargé de me les envoyer. A quoy je n'ai rien à adjouster, si ce n'est que je serai très aise, quand je pourrai faire paraître que je suis passionnément, Monsieur, votre très humble et très obéissant serviteur. PELLOT. »

L'abbé de Foucarmont était alors Jean-Edmond de la Teulle, qui dut goûter médiocrement les vaines politesses et les offres banales de services de Claude Pellot. Lui parler de *manuscrits mangés de la poudre*, c'était lui faire une véritable injure. Les manuscrits de Foucarmont jouissaient d'une certaine célébrité. Casimir Oudin les avait visités et en nomme plusieurs dans ses ouvrages.(*De Scriptor. eccles.*, t. II, col. 1699 et 1120.—*Supplem. de Scriptor. eccles.*, p. 475.) Ils venaient d'ailleurs de servir à Dom Julien Paris, prédécesseur immédiat de Jean de la Teulle, pour sa magnifique édition des anciennes Constitutions de Citeaux, intitulée: *Nomasticon cisterciense*, véritable chef-d'œuvre d'érudition et de typographie. *Parisiis, apud viduam Gervasii Alliot*, 1664, in-folio.

(1) Longueruana, 1re partie, p. 49 et 147.

suivie à la Bibliothèque nationale, où ils figurent aujourd'hui sous le n° 5194. Comment furent-ils enlevés à leurs premiers maîtres ? Nous ne pouvons le dire précisément. Ce que nous savons, c'est qu'on sonna l'alarme au sein du Chapitre en 1673, et que, le 1er décembre, le chanoine Throsnel reçut l'ordre de s'informer auprès du curé de Saint-Herbland, *des manuscrits que l'on disait avoir été pris dans la Bibliothèque*. Ce que nous savons encore, c'est que le Commis de la Bibliothèque, Pierre Pelhestre, convaincu apparemment de négligence ou d'une complaisance excessive pour les bibliophiles, reçut ordre, le 1er juillet 1679, de faire rentrer tous les livres qu'il avait prêtés ; que, le 20 décembre suivant, sa destitution fut prononcée, et les *serrures de la Bibliothèque changées*. C'est en vain qu'il réclama le reste de ses gages, et les avances qu'il avait faites pour acheter des livres, le Chapitre, après cinq mois d'examen, décida *qu'il ne lui étoit rien deub, et dit néant sur sa requête* (1). Les règles les plus sévères furent établies pour son successeur. Il lui fut interdit de prêter aucun livre, même aux chanoines. On ne lui confia les clés qu'après qu'un catalogue exact, rédigé en sa présence et signé de sa main, eut été soumis à l'examen du Chapitre et déposé aux Archives (2). Nous inclinons fortement à croire que ces faits ont trait à l'enlèvement des manuscrits de Jean Leprévost et à des méfaits ou tentatives du même genre.

C'est à regret que nous faisons planer des soupçons sur Pierre Pelhestre, savant d'ailleurs très estimable, dont nous reparlerons. Mais il le fallait pour prouver que les pertes de la Bibliothèque ne peuvent être imputées au corps même du Chapitre, qu'il veilla sur cet antique dépôt

---

(1) et (2) Reg. capit., 1er juillet, 20 déc. 1679, 2 et 15 janv. et 7 juin 1680.

comme sur un des plus précieux trésors de son église, bien différent des chanoines de Metz, qui livrèrent, sans émotion, leurs richesses littéraires à Colbert, sans en excepter la Bible originale de Charles-le-Chauve, ni les Heures mêmes dont se servait cet empereur. (1)

La révolution surprit ceux de Rouen rêvant encore à

(1) Mémoire hist. sur la Biblioth. du Roi, p. LXXIII. Les Bibliothèques Colbert, Séguier, Letellier, Bigot, Gaignières, et autres fameuses collections du XVIIe siècle, se composaient en partie des dépouilles des églises et des monastères. « Si l'on veut me séduire, qu'on m'offre des livres, » disait Séguier en traversant la Normandie pour la châtier. Il faut entendre l'archevêque de Rheims, Maurice Letellier, raconter lui-même, dans la préface de son catalogue, tout ce qu'il avait employé de temps, d'argent, de voyages, d'agents avoués ou secrets, pour ramasser des livres curieux dans toute l'Europe. On offrit 10,000 écus aux Chartreux des Portes pour avoir leurs manuscrits : il furent inébranlables. Ceux de Rouen laissèrent enlever, pour l'archevêque de Rheims, leur admirable Bible, imprimée en 1462 par Fust et Schœffer, et dont un exemplaire monta à trois mille cinq livres à la vente de Colbert. (Vigneul Marville, I, p. 82.) Tous les manuscrits de Préaux passèrent, vers 1630, au président de Machault. Après sa mort, l'abbaye n'en put recouvrer que quelques-uns en mauvais état (D. Rivet, IX, p. 108). Bigot, Gaignières, De Mareste d'Alge, conseiller au Parlement de Rouen, se disputèrent les manuscrits de Fécamp. De Mareste en avait enlevé quatorze, *et plusieurs vieux livres de prières imprimés en gothique*. L'abbaye les racheta en 1699. Ses cartulaires même n'avaient pas été épargnés. D. Mabillon en racheta un d'un inconnu à Paris, pour le renvoyer à Fécamp. C'est ce qui résulte de lettres, aujourd'hui perdues, adressées par ce grand homme à son ami D. Guillaume Fillâtre, moine de Fécamp. Antoine de Mareste d'Alge, père du conseiller de ce nom et avocat-général à la cour des Aides, déplore en ces termes la dispersion des manuscrits de l'illustre Abbaye : « Constat plurima manuscripta monachorum Fiscampnensium opera, è numerosâ quondam Bibliothecâ substracta, ac in alienas domos translata, cessisse in nomen raptorum. . . . . Perierunt intereà, Bellorum injuriâ, monachorum incuriâ, administratorum potenti ac multiplici aviditate, antiquæ domûs decora illustria, moni-

l'augmentation de cette Bibliothèque fondée, défendue, enrichie par eux, avec un si constant amour, et au prix de tant de sacrifices, depuis plus de huit siècles. On devra compter parmi leurs plus beaux actes, la délibération du

---

mentaque..., adeòque minùs intrà se, quam extrà, dilapidatis sublatisque veteribus manuscriptis, illucescet... »

On excusera ces détails et ceux qui vont suivre, parce qu'ils intéressent l'histoire littéraire de la province. Nous les tirons d'un manuscrit de 160 pages in-folio, rédigé dans l'abbaye de Fécamp en 1708, et qui appartient aujourd'hui à la ville de Montivilliers. Il a pour titre : *Table alphabétique des matières d'un manuscrit intitulé* : « Chronicon archi-monasterii Fiscampnensis, intersertis ad historiæ familiarumque Normannicarum notitiam plurimis, auctore D. Jacobo de Mareste ab Algiâ, Fiscampnensi Religioso. » Dans le catalogue de l'abbaye, cette *chronique* figurait sous le titre suivant : « Registrum papyraceum, peramplum, continens quàm plurima ad historiam monasterii Fiscannensis, spectantia monumenta, varia diplomata, cartas, etc. » Dom Bernard de Montfaucon le désigne ainsi dans sa *Bibliotheca bibliothecarum*... On l'a perdu de vue aujourd'hui, du moins en Normandie. L'auteur, D. Jacques de Mareste d'Alge, frère de l'avocat-général et oncle du conseiller, mourut à Fécamp, à trente-sept ans, en 1652, fort estimé à cause de son grand amour du silence et de l'étude, que D. Guillaume Fillâtre proposait plus tard pour modèle à ses jeunes confrères. Sa *Chronique* était divisée en trois livres. Le premier traitait de la fondation primitive et de la destruction du monastère par les Normands. Le second allait de la restauration par les ducs jusqu'aux abbés commendataires ; le troisième depuis ces abbés jusqu'à l'an 1644. Chaque chapitre était précédé d'un docte préambule, et accompagné de nombreuses notes empruntées aux historiens. L'avocat-général, Antoine de Mareste, en avait composé la dédicace, et y avait joint l'éloge de Dom Jacques, son frère, après sa mort prématurée. *Majestati tuæ fraternas vigilias dedico consecroque*, dit-il, en s'adressant à la très sainte Trinité, patronne du monastère. C'est dans cette dédicace qu'il gémit sur le sort des manuscrits de Fécamp, dans les termes que nous venons de rapporter. Vers 1700, Dom Nicolas Asselin composa en français une autre histoire de l'Abbaye de Fécamp, que D. Tassin ne mentionne pas dans son histoire littéraire de la Congrégation de Saint-Maur.

2 avril 1788, qui ordonne la construction d'un bâtiment en angle de retour sur le portique de la cour des Libraires, pour agrandir la Bibliothèque, *trop peu spacieuse pour tous les livres qu'elle renferme.* Mais la dernière heure de cette compagnie vénérable devait sonner avant qu'elle eût accompli son noble dessein.

Le 10 septembre 1790, MM. Lefébure et Goube, administrateurs du district de Rouen, vinrent apposer le scellé sur les portes du Chartrier et de la Bibliothèque, en présence des chanoines Perchel, De Paul de Marbœuf et Ravette aîné, nommés commissaires pour assister à cette triste opération. C'est en vain que ces messieurs réclamèrent au nom du Chapitre et de l'utilité publique. Ils ne furent point écoutés. (1) Nous ignorons pourquoi le district se pressait tant de fermer ces deux dépôts : ce ne fut que le 28 décembre suivant que ses agents vinrent prendre possession de la Métropole au nom de la nation, saisir tout le mobilier qu'elle renfermait, et procéder à la dissolution du corps capitulaire. En septembre 1792, la Bibliothèque de la Cathédrale gisait dans l'église et dans le couvent des Jacobins, pêle-mêle avec deux cent cinquante mille volumes, provenus de toutes les maisons religieuses du département. Dom Gourdin, ex-bénédictin de Saint-Ouen, qui s'efforçait de la remettre en ordre au milieu de cet énorme chaos, nous apprend qu'elle montait à environ douze mille volumes, dont plus de deux mille in-folio. L'abbaye de Saint-Ouen en avait fourni onze mille, et le couvent des Capucins, neuf mille (2) La pièce suivante nous dira l'horrible confusion qui régnait dans le couvent des Jacobins, aujourd'hui hôtel de la Préfecture.

---

(1) Original du procès-verbal.

(2) Liasse d'autographes de D. Gourdin, aux Archives du département.

Le Conseil général du district de Rouen au Conseil général du département.

Rouen, 11 juillet 1793, l'an II de la République française.

« La ci-devant maison des Jacobins de cette ville, destinée à servir de dépôt au mobilier des communautés supprimées et des émigrés de tout le département, se trouve tellement encombrée d'une quantité énorme de tableaux, de livres, d'ornements d'église, de matelas et de vieux linge, que le citoyen Gourdin, bibliothécaire, nous assure qu'il lui est impossible, sans opérer une confusion inexprimable, d'y faire apporter différentes bibliothèques, notamment celle des Oratoriens, dont la maison est adjugée depuis longtemps. Nous croyons devoir vous observer que plus de douze mille volumes d'ouvrages doubles, non compris les dépareillés, et des tableaux au nombre de cinq cents et plus, ont été mis au rebut par le citoyen Lemonnier, peintre de l'Académie, nommé pour en faire le choix. Nous ajouterons que les ornements et linges d'église périssent. . . Il faudrait faire une vente. . .»

On eut recours à ce moyen en l'an III, et l'on aura une idée de ce que l'histoire et les arts eurent à regretter, lorsqu'on saura que les seuls *vieux papiers* vendus en masse, produisirent environ trente mille livres. (1)

---

(1) Autographe de D. Gourdin, 28 prairial an III. Le 8 messidor même année, il demande une augmentation de salaire pour les ouvriers qui *détassaient des charretees de papier pour la vente, et respiraient un air méphitique et dangereux*... Quelques bibliothèques de monastères n'avaient pas été apportées aux Jacobins, parce qu'on les avait vendues ou pillées sur place. L'abbaye de Bellozane possédait une belle collection de manuscrits orientaux et grecs, formée par Vatable et le célèbre Amyot, traducteur de Plutarque. L'administrateur du district de Gournai vendit la bibliothèque tout entière à Méquignon, pour deux mille quatre cents livres. Mais le libraire s'étant ravisé, n'en voulut donner que douze cents livres, et l'administrateur se tint pour satisfait. (Procès-verbal de D. Gourdin. Bellozane, 22 sept. 1791.)

Le public studieux se consola pendant quelque temps de la suppression de la Bibliothèque du Chapitre, en fréquentant celle de l'Académie. Un arrêté du Conseil général, du 18 février 1793, invite les citoyens académiciens à tenir leur bibliothèque ouverte tous les jours, depuis neuf heures du matin jusqu'à une heure après midi, et depuis quatre heures jusqu'à sept heures du soir; mais, le 30 août suivant, Dom Gourdin essayait en vain de fléchir les administrateurs du département, qui avaient mis le scellé sur cette bibliothèque, et privé leurs concitoyens de la seule dont ils jouissaient deux fois la semaine (1).

Quant à la bibliothèque de monseigneur Lenormant, elle fut oubliée jusqu'en 1796, dans l'Archevêché, devenu tour à tour caserne, recette générale et hôtel du général Huet et de son état-major. Informés, par hasard, qu'il y avait là des livres qui périssaient dans l'humidité, les administrateurs du département demandèrent à Dom Gourdin d'où ils provenaient, et s'ils étaient une propriété nationale (2). Voici sa réponse :

« Rouen, 28 pluviôse de l'an IV de la République.

« Citoyens,

« J'ai reçu hier votre lettre du 25, par laquelle vous me demandez des renseignements sur les livres restés à l'évêché. Cette bibliothèque assez considérable, dans laquelle il y a le *Corpus Antiquitatum*, en plus de vingt

---

(1) Par son décret du 8 août 1793, la Convention avait supprimé toutes les Académies patentées et dotées par la nation.

(2) Leur lettre est adressée au citoyen Gourdin, commissaire de la Bibliothèque Nationale établie à *Ouen* (25 pluviôse an IV). C'est en l'an II que tous les livres avaient été enlevés du couvent des Jacobins. D. Gourdin écrivait aux administrateurs du département, le 26 prairial an II : « J'ai l'honneur de vous prévenir que

volumes in-folio, et quelques autres bons ouvrages, est une propriété nationale. Elle est la bibliothèque de monseigneur Lenormant, évêque d'Evreux, homme instruit et curieux, acquise par M. de Saulx-Tavannes, qui, pour cette acquisition et la construction du bâtiment qui la contient, a, dans le temps, obtenu une coupe de bois. J'ai le catalogue imprimé de cette bibliothèque, qui a souffert quelques pertes depuis l'acquisition. Ce catalogue est l'ouvrage de l'abbé Saas. M. de la Rochefoucauld y a fait quelques additions, mais peu considérables.

« J'aurais fait enlever cette bibliothèque dans le temps, si j'avais eu de la place pour la mettre. Cependant, si elle périclite si fort, il est à propos qu'on la mette ici, et je verrai où la placer..... Il serait à propos que l'administration prît un arrêté qui m'autorisât à écarter les doubles, et à commencer l'arrangement durable de la Bibliothèque Nationale, dont le public est privé depuis si longtemps.

« En faisant cette demande à l'administration, je présume qu'elle voudra bien me continuer sa confiance, et, con-

---

« d'*hier*, la cydevant église des Jacobins ne contient plus aucune « bibliothèque appartenant au district de Rouen, et qu'il n'y a « plus que celles de Valmont et de Veules, qui sont au district de « Cany. » Le 29 floréal an II, le Directoire régénéré de la Seine-Inférieure écrit à l'administration révolutionnaire de Montivilliers: « Frères et amis, nous vous invitons à faire transporter au « chef-lieu de votre district, la bibliothèque de la cydevant abbaye « de Fécamp, renfermée au dépôt des cydevant Jacobins de Rouen, « dont l'église va servir à l'exploitation du salpêtre... » La bibliothèque des Bénédictins de Fécamp alla, non à Montivilliers, mais au Havre, où elle est encore. Enfin, nous avons sous les yeux le mémoire d'un voiturier, présenté le 25 fructidor an III; il mentionne soixante-seize voyages de voiture pour transport de livres pris aux Jacobins et portés à *Ouen*, à raison de cinq livres par voyage, en prairial, messidor et thermidor an II. Ces détails donnent la date précise de l'évacuation du couvent des Jacobins, et des premiers commencements de notre Bibliothèque publique.

jointement avec le jury, me nommer son bibliothécaire; elle peut compter sur mon zèle et mon application.

« Salut et fraternité,

« Gourdin. »

Dès lors, la bibliothèque de l'Archevêché fut transportée au dépôt de Saint-Ouen, où elle forma, avec le choix de toutes les autres, le premier fonds de la Bibliothèque de la ville de Rouen.

Bibliothécaires du Chapitre.

Ils se divisent en deux classes : les chanoines surintendants de la bibliothèque, et les *commis* aux gages du Chapitre.

Chanoines surintendants

1. Pierre Acarie était fils d'un maître des comptes et de Barbe d'Avrillot, depuis fondatrice des Carmélites en France, et connue sous le nom de la Bienheureuse-Marie de l'Incarnation. L'archevêque François de Harlai s'exprime ainsi, à son sujet, dans le contrat de donation de sa bibliothèque (13 janvier 1634) : « La place et entière institu-« tion de l'office de bibliothéquaire apartiendra pour la « première fois audict seigneur, lequel dès à présent a « nommé et institué, nomme et institue par ces présentes, « audict office de bibliothéquaire, noble et discrète per-« sonne maître Pierre Accarye, chanoine, pénitencier et « théologal en ladicte église, son official et vicaire géné-« ral. Et ce, pour les bonnes et louables conditions qu'il « recongnoist en luy pour la congnoissance de la discipline « de l'Esglise grecque, d'où par sainct Nicaise est venue la « nôtre, pour les services que ledict sieur Accarye luy a « rendus, et pour ce qu'il a esté le premier qui, *à la « persuasion et instigation dudict seigneur, son bienfaic-« teur*, a commencé la restauration et restablissement de

« la bibliothèque dudict Chapitre, par la donation qu'il a « faicte depuis un an audict Chapitre, de tout ce qu'il « avait de livres. »

Chaque année, après le festin de l'Ascension, qui se donnait en ce lieu, le chanoine qui rendait grâces, disait : *Prions Dieu pour le repos de l'âme de maître Pierre Acarie qui a donné commencement à cette bibliothèque*. Il mourut le 2 mars 1637. Les Registres capitulaires nous apprennent « qu'il souhaita, en son lit mortel, estre inhumé « dans l'église, au pied de la montée de la Bibliothèque, « pour, par ce moyen, induire les personnes doctes et « dévotes à prier Dieu pour son âme. » Ses héritiers eurent permission de poser sur ses restes une tombe qui a disparu.

. 2. Jean Leprévost fut solennellement installé bibliothécaire dans l'assemblée capitulaire du 22 avril 1637, et prêta aussitôt serment en cette qualité. Il était licencié en droit civil et canonique, et fut d'abord prieur commendataire du prieuré non conventuel de Saint-Thomas-sur-Scie. En 1624, n'étant encore que sous-diacre, il laissa ce bénéfice à Claude du Rozel, qui lui résigna son canonicat de la Cathédrale. Il en prit possession le 27 juin de la même année, et fut, sans contredit, le plus érudit des chanoines de cette époque, la plus brillante des annales du Chapitre. On lui doit les longues et savantes notes qui se trouvent au nombre de cinquante, dans la première édition de Jean d'Avranches (1642), et que Le Brun-Desmarettes a reproduites dans l'édition de 1679. Les Histoires des Archevêques et de la Cathédrale de Rouen, par D. Pommeraie, les *Conciles de Rouen*, du même auteur, les *Conciles de Normandie*, de D. Bessin, le grand ouvrage de M. de la Roque sur la Maison d'Harcourt, le Sacramentaire de saint Grégoire, publié par D. Hugues Ménard, sont pleins de notes et de pièces considérables communiquées par Jean Leprévost, ou recueillies avidement dans ses papiers, après sa mort. On lui doit une savante lettre latine sur saint Léon, archevêque de Rouen (1), et un précieux mémoire, encore inédit, sur les Actes et les Reliques de saint Sever et de saint Sénateur, évêques d'Avranches (2). Ce mémoire est adressé au roi Louis XIII, qui avait demandé des reliques de ces saints. Jean Leprévost, en qualité de semainier, les tira lui-même des châsses, en présence de tout le Chapitre, et fut député avec MM. Godard et Brasdefer, pour les présenter à Sa Majesté (3). Jean Leprévost prépara laborieusement les nombreuses éditions de livres liturgiques qui parurent sous le pontificat de François de Harlai. Nous citerons le Bréviaire de 1627, différent de celui de 1619, le Bréviaire de 1642, différent de celui de 1627; le Diurnal de 1628, l'Antiphonaire et le Processionnaire de la même année, le Cérémonial entrepris en 1629, et qui n'a jamais vu le jour, le Manuel ou Rituel de 1640, un supplément du Manuel, et une édition des plus belles Séquences qui parurent en 1642. En même temps, Jean Leprévost enrichissait de remarques critiques, de notes ou d'additions, les Chroniques d'Eusèbe de Césarée et de saint Prosper, le Concile de Lillebonne de 1030, le Concile de Rouen de 1072 ou 1074, un fragment d'Orderic Vital sur la Vie Monastique, l'Histoire de Normandie de Guillaume de Jumiége, une Chronique abrégée depuis la naissance de Jésus-Christ jusqu'à l'année 1235, les écrits de Robert Cenalis, évêque d'Avranches, sur les évêques et les reliques de

(1) *Hist. des Archev. de Rouen*, p. 227.

(2) Reg. capit., 10 janv. et 12 fév. 1639.

(3) Ego Joannes Leprevost, canonicus, gloriosas sanctorum relliquias, immeritis meis manibus, deprompsi... (Ibid, ibid.)

cette église, sur les abbés du Mont-Saint-Michel, etc. (1). La bibliothèque d'Emeric Bigot possédait des Eloges des Archevêques de Rouen, en latin, extraits d'un manuscrit de Jean Leprévost (2). Il faisait aussi un cours régulier d'instructions sur les rites et les cérémonies de l'Eglise, dans la salle de la Bibliothèque (3). Ses manuscrits, soustraits, comme nous l'avons vu, au profit de Colbert, font aujourd'hui partie de la Bibliothèque Nationale. Ce savant homme, dont personne jusqu'ici n'a esquissé la biographie, siégeait encore au Chapitre le jeudi 24 décembre 1648. Le lundi 28, on vint annoncer sa mort à la compagnie, qui décida qu'il serait inhumé suivant son intention, c'est-à-dire dans l'église, devant la Bibliothèque. Elle fit faire une copie de son portrait, sur lequel on plaça cette inscription d'une brièveté si éloquente : ***Joannes Leprevost, ecclesiæ rothom. canonicus, bibliothecarius, vir eruditus et frugi.*** Nous parlerons encore de son frère, curé de Saint-Herbland, qui fut le *commis* de la Bibliothèque jusqu'en 1661 (4).

3 Charles Brasdefer, fut mis en possession de l'office de bibliothécaire le 21 janvier 1649, par l'attouchement des clefs de la Bibliothèque, et le serment accoutumé. Il mourut le 24 février 1672, et le Chapitre lui accorda, comme à ses prédécesseurs, la sépulture au pied de l'escalier de la Bibliothèque. De son temps, vers 1662, elle fut fermée par ordre supérieur, parce que les Jansénistes y tenaient des conventicules à propos de la fameuse paix de Clément IX (5). Le Chapitre fit faire *son pourtraict, en*

(1) Catalogue des manuscrits Bigot, n° 183, etc.
(2) Ibid., n° 343 bis.
(3) Reg. capit, 23 nov. 1647.
(4) Ibid., 28 janv. 1661, 19 août 1662 et 11 mars 1671.
(5) Tables des Nouv. Ecclés., au mot : Rouen.

recongnoissance de ses biens faicts à l'église, pour estre mis dans la Bibliothèque (1).

4. Charles Dufour, thrésorier du Chapitre, curé de Saint-Maclou et abbé d'Aulnai, fut solennellement installé bibliothécaire, vers 1672, lorsqu'on put rouvrir la Bibliothèque. Le conseiller Dutot-Ferrare perpétua la mémoire de ces faits, en y faisant placer, plus tard, quelques inscriptions en style lapidaire, qui eurent les honneurs de la publicité (2).

Charles Dufour mourut le 16 juin 1679.

5. Gilles Dufour, neveu du précédent, et Jacques Auvray, furent chargés de la Bibliothèque jusqu'en 1710. Jacques Auvray, docteur de Sorbonne, avait quitté sa cure de Saint-Godard en 1673, pour un canonicat de la Métropole. Dom Godin, bénédictin de Saint-Ouen, soumit à son approbation l'édition des Conciles de Rouen, qui a paru sous le nom de Dom Pommeraie. L'édition du livre des Offices

---

(1) Reg. cap., 21 aoust 1674.

(2) Nous donnons ici la plus significative:

Mortuos vivis conciliare, arduum :
Excitare, et in humanitatis contubernium revocare,
Divinum.
Id hodie, in amborum gratiam, præstat
Franc. de la Fosse
Ecclesiæ Rotom. Canonicus et pœnitentiarius,
qui
Vivos libertate donatos, discentes,
Mortuos luci restitutos, docentes
In hac porticu sistit unanimes,
Et quovis imperio solutos, publicæ civium utilitati
Mancipat, addicit,
Dum pretiosam librorum congeriem,
Ab annis pluribus summâ suâ curâ et sumpta conquisitam,
Huic Bibliothecæ consecrat.
An. MDCLXXXIII.

(Biblioth. de Rouen. Recueil in-4°, 0, 749, t. II.)

Ecclésiastiques de Jean d'Avranches, publiée par Lebrun-Desmarettes en 1679. porte aussi une approbation de Jacques Auvrai, laquelle est un excellent compte-rendu de cette édition, et un bel éloge de la science des rites

6. François-Hyacinthe Delan, chanoine et théologal, fut nommé bibliothécaire le 30 septembre 1710. En 1703, il avait été exilé à Périgueux, pour avoir signé le fameux *Cas de conscience*. C'est lui qui fit apporter dans la Bibliothèque, en avril 1712, tous les livres et manuscrits de Richard Simon, peu de jours après la mort de ce savant. Comme M. Delan comptait parmi les plus opiniâtres appellants de la bulle *Unigenitus*, il fut exclu de la maison et de la Faculté de Sorbonne, et contraint de s'éloigner de Rouen et de toute la province. Il mourut à Paris, le 30 août 1754, et fut inhumé dans le sanctuaire de l'église de Sainte-Pélagie. L'abbé Cerveau, supérieur de la maison, fut menacé d'une lettre de cachet, pour l'avoir administré et enterré (1).

7. Gilles-Nicolas Paviot de la Villette, chanoine, grand archidiacre et conseiller au Parlement, succéda à M. Delan dans sa charge de bibliothécaire. Il mourut le 14 décembre 1738.

8. Son successeur fut l'abbé Terrisse, que ses démêlés avec les Benédictins de Saint-Ouen, ses *Mémoires* sur son abbaye de Saint-Victor et sur les marbres du Jubé de la Métropole, ont rendu célèbre. François-Christophe Terrisse, prêtre du diocèse de Nantes, docteur en Sorbonne, prit possession de son canonicat le 3 mars 1732, et, à cette époque, il était déjà archidiacre du Vexin normand, grand vicaire de monseigneur de Tressan, qui l'avait emmené de Nantes, et abbé commendataire de l'abbaye royale de

---

(1) Nécrologe des Appellants, t. II, p. 309.

Notre-Dame de Chalivoy, au diocèse de Bourges. C'était un esprit distingué et un administrateur sage. Il mourut doyen du Chapitre et membre de l'Académie, le 30 mars 1785. Il avait porté le poids du gouvernement, en qualité de grand-vicaire, pendant cinquante-cinq ans, sous messeigneurs de Tressan, de Saulx-Tavannes et de la Rochefoucauld. Ce dernier voulut l'inhumer lui-même dans le caveau réservé aux membres du Chapitre, depuis que les inhumations dans les églises étaient interdites. (1)

9. L'abbé Terrisse étant devenu doyen du Chapitre le 21 mars 1750, M. Jean-Louis Roffet, chanoine, docteur de Sorbonne, le remplaça à la Bibliothèque.

10. Après la mort de M. Roffet, arrivée en 1787, l'intendance de la Bibliothèque fut confiée au célèbre abbé Baston, dont la vie est dans toutes les biographies, et les nombreux ouvrages dans les mains de tout le monde. Il mourut à Pont-Audemer, le 26 septembre 1825.

Commis de la Bibliothèque.

Plusieurs de ces simples employés méritent d'être tirés de l'oubli. Nous citerons d'abord N... Leprevost, curé de Saint-Herbland et frère de l'illustre chanoine Jean Leprevost, auquel il succéda comme bibliothécaire. C'est lui qui confronta tous les passages des auteurs jésuites, cités dans les Provinciales, et les extraits des casuistes dénoncés par les curés de Rouen à l'archevêque François de Harlai (vers 1655). Ce prélat et son grand-vicaire, messire Charles Mallet, accueillirent fort mal la dénonciation. Plusieurs des

---

(1) Reg. capit., passim. La cave qui est sous la sacristie, à droite du chœur, fut appropriée à cet usage, et bénie par M. Lesueur, semainier, le 20 nov. 1779. Précédemment, elle était louée et employée à des usages profanes. (Reg. capit., 20 nov. 1779).

dénonciateurs furent dénoncés à leur tour, et poursuivis comme Jansénistes. En 1661, N.... Leprevost fut atteint et convaincu d'avoir émis des propositions favorables à l'hérésie de Jansénius. Il fut même interdit de ses fonctions, condamné à six semaines de séminaire, à faire sa profession de foi entre les mains de son archevêque, et privé en outre de son emploi de bibliothécaire. Nous avons vu plus haut que, l'année suivante, la Bibliothèque fut fermée par ordre supérieur. N... Leprevost était encore curé de Saint-Herbland en 1675.

Nous avons déjà parlé de Pierre Pelhestre au sujet des manuscrits enlevés de la Bibliothèque. C'était un simple clerc fort aimé de M. de Péréfixe, archevêque de Paris, et surtout des savants de la congrégation de Saint-Maur. D. Mabillon, qui lui devait la *Manière de célébrer un concile provincial dans l'église de Rouen*, et le *Rit de l'ordination* d'un évêque dans la même église, fait mention de lui dans ses Analectes. D. Garet, à qui il avait fourni des variantes pour l'édition du Traité des Lettres humaines par Cassiodore, loue sa très grande obligeance, et D. Pommeraie, son ardente application à scruter l'antiquité (1). Nous avons de Pierre Pelhestre : 1° une édition du Traité de la Lecture des Pères de l'Eglise, de Dom Bonaventure d'Argonne, augmentée de deux livres, qui a eu les honneurs d'une traduction latine, publiée à Turin en 1742; 2° des Remarques critiques sur les Essais de littérature de l'abbé Tricaud; 3° des articles dans les Mémoires de Trévoux, entre autres une Dissertation sur l'Indulgence de la Portioncule ; 4° une critique manuscrite de la *Bibliothèque* de Dupin, et des notes, aussi manuscrites, sur les *Scriptores Ecclesiastici* de Cave. Pelhestre mourut à Paris, en 1710. François Linant,

(1) .... Vir rei antiquariæ diligens ac studiosus perscrutator. (Concil. Rotom. Præf.)

en succédant à Pierre Pelhestre, témoigna sa reconnaissance au Chapitre par plusieurs pièces de vers latins qui ne manquent pas de mérite poétique, et sont précieuses pour l'histoire de la Bibliothèque. Nous en avons cité quelques traits concernant MM. Hallé et de la Fosse (1). Linant mourut en 1693.

L'abbé Saas est trop connu pour que nous nous arrêtions à faire longuement sa biographie ; sa notice des manuscrits de la Bibliothèque qui nous occupe, son Pouillé du diocèse de Rouen, ses savantes Critiques du catalogue de la Bibliothèque du roi, du supplément de Moréri, du Dictionnaire de l'abbé Ladvocat, de l'Encyclopédie, sa polémique avec dom Tassin, au sujet des manuscrits de la Cathédrale, ses poésies latines, sont des ouvrages curieux et recherchés. Le cardinal de Saulx-Tavannes lui confia la rédaction du catéchisme diocésain, ouvrage que Bossuet ne crut devoir confier qu'à lui-même. C'est un petit chef-d'œuvre de clarté, de simplicité et de science théologique.

L'abbé Saas fut nommé *commis* de la Bibliothèque en 1734, et remplit ce poste jusqu'en 1743. « Si jamais per- « sonne a réuni les qualités qui constituent le grand biblio- « thécaire, ce fut l'abbé Saas. Une lecture immense, une « mémoire sûre et facile, les connaissances les plus éten- « dues et les plus profondes dans la bibliographie, une « méthode simple dans la disposition des livres, une étude « suffisante des langues anciennes et modernes, un accueil « honnête, une patience marquée, une assiduité constante : « telles doivent être les qualités de celui qu'on estime « assez pour lui confier le soin d'une bibliothèque deve- « nue le patrimoine du public studieux. Il doit, pour ainsi

---

(1) Biblioth. de Rouen. Recueil in-4°, O, 748, t. II, et O, 749 t. III.

« dire, en être l'âme ; tel dut être, et tel fut en effet l'abbé « Saas (1). »

Le P Lefranc, professeur de rhétorique au collége, a dit, dans son poème à la louange de l'Académie de Rouen, dont Saas était membre :

> Sassius ingenio summis acceptus et imis,
> Librorum custos, liber ipse animatus, et omnes
> Complectens libros . . . . . .

L'abbé Saas possédait une très belle bibliothèque, qu'il avait commencée à Paris, lorsqu'il y faisait l'éducation de M. de Becthomas. Elle comptait parmi les meilleures collections particulières de Rouen (2). C'est ce que rappelle un chanoine de Saint-Victor, de Paris. dans une pièce de vers latins, sur la mort de Saas, son ami.

> Undique promatur, gazâ preciosior omni,
> Copia librorum, sapientis sola supellex,
> Qui quondam meruit, *liber ipse animatus* haberi.

Nommé à la cure de Saint-Jacques-sur-Darnétal, par les Chartreux, Saas en prit possession le 4 octobre 1742, et la quitta en 1751, pour un canonicat de la métropole. Il succomba à une apoplexie, le 10 avril 1774, à 72 ans.

Son successeur fut le trop fameux abbé Léonard Sonnes, auteur des *Anecdotes ecclésiastiques* du diocèse de Rouen, pamphlet inspiré par le plus violent esprit de parti. M. Louis, chanoine. son protecteur, non moins janséniste que lui, offrit une somme considérable au Chapitre pour augmenter le traitement du *commis* de la Bibliothèque, à condition que Sonnes serait pourvu de cette charge.

---

(1) Eloge de Saas, par M. le chanoine Cotton-Deshoussayes.

(2) Voyage de Rouen par M. Latapie, Ms. 1773. Ce Ms. appartient à M. Frère, qui me l'a communiqué avec le plus aimable empressement.

Quoiqu'il eût versé une caution de cent pistoles, en commençant ses fonctions au mois d'octobre 1743, il fut contraint de les abandonner au mois de décembre suivant, *par les clameurs et les calomnies des chanoines zélateurs de la bulle*, disent les *Nouvelles ecclésiastiques*, journal du parti. Sonnes était un élève du P. Porée, et occupa d'abord la cure de Saint-Ouen-le-Houx, diocèse de Lisieux, mais il la quitta plutôt que de signer le formulaire. Depuis, nous le voyons successivement vicaire de Préaux, de Saint-Lô, de Saint-Vincent de Rouen, et souvent déféré à son archevêque comme un janséniste des plus dangereux. Il mourut en 1757.

Michel Heudes fut nommé commis de la Bibliothèque, le 8 avril 1775, à la charge de travailler incessamment à un catalogue qui n'a jamais existé qu'en projet. Il quitta cette charge le 1er juillet 1783, pour prendre possession de la cure de Saint-Patrice. Il est mort chanoine honoraire de la métropole en 1838, laissant une bibliothèque bien choisie, et une belle collection de tableaux, dont le catalogue a été imprimé.

Jacques Crevel, diacre, le remplaça à la Bibliothèque depuis 1783 jusqu'à la Révolution. Il est mort curé de Saint-Romain, en 1835. Il avait formé une bonne collection de livres, qu'il a laissée par son testament au chapitre de Rouen. Evidemment, ce legs du dernier des bibliothécaires de la métropole fut un souvenir du passé et un vœu pour l'avenir. Jacques Crevel sera le Pierre Acarie de la nouvelle Bibliothèque capitulaire, si, un jour, on voit reparaître une ombre de cet antique et célèbre établissement littéraire.

PIÈCES JUSTIFICATIVES.

N° 1.

(*Extrait du* Livre d'ivoire, *p.* 128. *Biblioth. de Rouen.*)

Hi sunt libri qui reperti sunt in Ecclesia Rothomagi, tempore Gaufridi archiepiscopi.

Exameron. Egesipus. Augustinus contrà Julianum hereticum. Effrem. Epistole Pauli quas Radulfus Pentecostes dedit Ecclesie. Exceptiones ex Epistolis Augustini de diversis questionibus. Breviarium quod fuit Radulfi Longi. Liber de Formoso papa. Benedictionarius Roberti archiepiscopi, et IIII^or alii. Breviarium quod vocatur Ricardus. Liber de Capitulo. Troparii IIII^or. Liber Marciani de Armonia. Omerus. Libri Gerardi. Ovidius, Metarmorfoseon (sic). Virgilius. Juvenalis. Oratius. Exceptiones Canonum. Liber beati Augustini de Dialectica. Topica Tullii. Cathegorici sillogismi. Primum Commentum super Cathegorias. Perihermenie. Pars arismetice. Sedulius et Juvenalis in uno volumine. Arator. Liber de duodecim versibus Virgilii. Donatus. Expositio Gregorii super Ezechielem. Liber divisionum. Helpericus. Major Donatus et Barbarismus in uno volumine. Cantica Canticorum Radulfi Pentecostes. Miracula sancti Stephani, et aliorum Martyrum. Breviarium Johannis Archiepiscopi de Communi servicio Ecclesie. Ovidius de amatoriâ arte, sine titulo, et de remedio amoris Liber. Juvenalis. Glose super Epistolas Pauli. Liber Virgilii Eneidos. Libellus de Obedientia. Medicinalis liber ubi herbe sunt picte. Vita sancti Ansberti et sancti Audoeni. Donatus et Beda de Arte metrica. Ferculum Salomonis. Libellus de Cura ancipitrum. Quedam pars Antiphonarii. Maximianus et Perihermenie Apuleii. Liber de Abaco. Boecius. Terentius.

N° II.

(*Ex Chartulario Eccles. Rotom. f.* 50 *v°*, *Biblioth. Rotom.*)

... Octo textus : tres magni de auro et gemmis, et quartus quem dedit Rotrodus Rothomagensis Archiepiscopus, argenteus, et quatuor parvi de argento, quorum duo sunt deaurati, et nonus quem Amicus thesaurarius dedit, de asmaus. . ..... textus aureus Evangeliorum. Textus argenteus dearatus (sic) Epistolarum .... Libri Capelle sunt isti : Benedictionarius, Gradale et Troparium. Habet Robertus Capellanus.

Libri venerabilis Patris nostri Rotrodi, Rothomagensis Archiepiscopi. Plinius de Naturali hystoria. Epistole Jeronimi. Augustinus de Civitate Dei. Ysidorus Ethimologiarum. Vitruvius. Liber Hugonis Archiepiscopi ad Albanensem Episcopum. Libellus ejusdem De expositione fidei catholice, et orationis Dominice.

Suivent : Medietas Bibliothece, quam dedit Dominus Laurencius archidiaconus, et Missale Domini Walerani.

N° III.

(*Ex Chartulario Eccles. Rotom.*, *f.* 53 *v°*.)

Libri magistri R. de Antan. Liber Regum. Genesis. Exodus. Lucas. Johannes. Matheus et Marcus, in uno volumine. Duodecim prophete. Cantica Canticorum. Parabole Salomonis in uno volumine. Actus Apostolorum. Ysaias, quem habet Abbas sancti Georgii; loco ejus habemus Psalterium glosatum.

N° IV.

(*Ibidem*, *f.* 53 *rectò*.)

Duo volumina Bibliothece. Tres Passionarii. Quinque Omeliarii. Breviarium Radulfi Longi, alterum in choro, et tercium Hugonis A'ch' et Borgnet. Septem Missalia. Corpus Canonum imperfectum. Moralia Job, in duobus voluminibus. Passio sancti Georgi. Augustinus suprà Genesim ad litteram. Liber Augustini ad Paulinam. Augustini retractationum in quaternis Sinbolum fidei Jeronimi ad Damasum. Mariale. Liber Irenei Episcopi Item Sentencia de libro Retractationum Augustini. Parvi canones Evangeliorum. Egeripus Liber de Concordia Evangeliorum. Liber Epistolarum Romanorum Pontificum. Pastorale. Liber Canonum. Parvi Canones. Medicinale. Liber Episcopalis. Omeliarius vetus. Liber expositionis super Job Evangelium Mathei Liber Cassiodori De anima. Psalterium cum expositione antiqua. Liber Epistolarum Augustini ad Volusianum. Glose super Psalterium. Psalterium cum Ymnario. Augustinus contra Julianum. Psalterium glosatum. Liber Isidori de Figuris veteris testamenti, qui intitulatur de Belbec. Breviarium tocius cantus. Liber Ysidori super Genesim. Helpericus. Gerlandus. Liber Conciliorum Duo libri Domini Hugonis Rothomagensis Archiepiscopi. Musica Boecii. Vita sanctorum Ansberti et Audoeni. Vita sancti Maurilii Andegavensis. Matheus glosatus Antiphonarius per usum. Smaragdus, Antè prandium et post prandium. Gradale cum Antiphonario per usum. Johannes Evangelista cum Apocalipsi. Liber auctoritatum vetustissimus. Orationes per annum in quaternis unius voluminis. Cantica Canticorum. Apocalipsis, cum Prophetis quibusdam. Quatuor Troparii, et Epistole Canonice. Duo libri in Capitulo. Epistole Pauli in quaternis Pastorale cum dialogo. Fretulfus Lexoviensis. Item, textus Epistolarum Pauli. Quatuor Epistolarii. Duo Ewangeliarii. Tres Benedictionarii. Item, Epistole et Ewangelia in uno volumine Lectionarius. Sedulus. Stacius. Bucolica. Priscianus, De conjunctionibus. Quedam pars secundi Donati. Juvenalis. Marcianus. Tres Ovidii.

Collectarium cum Institutione Religionis Rothomagensis Ecclesie.

N° V.

(*Registres capit.*, 20 *fév.* 1436.)

Declaratio librorum, huic Rothomagensi Ecclesiæ, per executores defuncti Magistri Petri Mauricii sacre theologie professoris, canonici Rothomagensis, legatorum et traditorum, pro ponendo in Libraria. Et 1°, 1ª pars S. Thome de Aquino. Quartus sententiarum S. Thome de Aquino. Tabula Libri de Civitate Dei. Sermones B. Augustini de Miseriâ corporis et anime. Epistole B. Bernardi Abbatis. Legenda aurea. Postila de Lira super Evangelia. Hystoria scolastica. Tractatus de Ecclesiatica potestate. Liber Policraticon Magistri Johannis Salsebe-riensis. Sermones de Voragine de Sanctis. Sermones de Voragine, de sermonibus Dominicalibus. Sermones de Voragine, de sermonibus Quadragesime. Quolibeta de Gandavo. (On a de Henri Goethals, de Gand, des Quod-libeta, imprimés à Venise en deux tomes, 1613.) Tractatus de Conciliis generalibus. 1ª pars Sermonum de Victriaco ab Adventu usque ad LXXma (Septuagesima). 2ª pars Sermonum de Victriaco à LXXma usque ad Pascha. 3ª pars Sermonum de Victriaco, à Pascha usque ad Adventum. Liber de fide et legibus. Dyalogus Olram. (On a des Quod-libeta de Guill. Holran, imprimés à Paris en 1487.) Octo Questiones Olram. Liber Alberti de Celo et Mundo. Commentum Alberti super veterem logicam. Summa Galencii (Aliàs Galense, probablement Gallencinus, que Possevin classe parmi les commentateurs du Droit civil et canonique.) Liber B. Prosperi. Vegecius de Re militari. Liber Therencii. Liber Virgilii Eneidos. Liber de Virtutibus et Claustro anime. Questiones Egidii de Romà. Manipulus Florum. Hystoria Regis Alexandri.

N° VI.

Extrait de l'Inventaire général des meubles à Monseigneur Monsieur le Légat, faict le* XXᵉ *jour de septembre, l'an mil cinq cens et huyt.

(Archives de la Seine-Inférieure.)

La Librarye de Monseigneur,

Ung bel et magnifique Breviaire en parchemin, usaige de Rome, couvert de drap d'or, qui fermoit à fermeaulx d'or en quatre endroiz dont en y a troys perduz.

Ung aultre beau petit Breviaire, en parchemin, usaige

de Rome, couvert de veloux tainct en graine, garni d'argent doré à ouvrage de Venise.

Ung Livre distoires, sans escripture, couvert d'argent doré et esmaillé, où est la Transfiguration Nostre Seigneur d'un cousté, et la Résurrection de l'aultre, avec les armes du Roy et de Monseigneur par dedans, sur argent blanc.

Ung Livre en parchemin commenceant : ***Legatus viam corripiens***, couvert de satin cramoysi, garni d'argent doré, ouvraige de Venise, avec six cordons de soye rouge à houppes.

Valere Legrant, en deux volumes de parchemin, couvert de veloux vert.

Les Oraisons de Cicéro, en parchemin, couvertes de veloux cramoysi, à deux fermaus d'argent blanc.

Vita Christi, en parchemin, contenant deux volumes, couvert de veloux violet.

Ung moyen volume en parchemin comenceant : ***Hieromyanum***, couvert de veloux violet.

Les Espitres saint Hierosme, en parchemin, couvert de veloux violet.

Un volume en parchemin : ***De Constitutionibus rerum***, couvert de veloux en graine.

Ung volume en parchemin : *De Civitate Dei*, couvert de veloux tanné

Les Espitres sainct Pol, en parchemin, couvertes de veloux en graine.

Ung aultre volume en parchemin, nommé les Triumphes de Rome, couvert moytié de drap d'or, et l'aultre de veloux noir.

Ung Ptholomée en parchemin, escript et figuré à la main, couvert de cuyr noir, à la mode d'Ytalie.

Les Epitres de Senèque, couvertes de veloux cramoysi, bordés à semence de graine, garny de cuyvre doré.

Ung Pseaultier de parchemin, lettre bastarde, couvert de veloux noir.

Ung aultre petit volume commenceant : *Albertus Cattaneus*, couvert de satin bleu.

Ung aultre petit volume commençant : *Sedulii Carmen Pascale*, couvert de veloux noir.

Ung Antiphonier en parchemin, moyen volume, couvert de satin rouge.

Ung aultre volume : *De Meditactionibus sancti Bonaventure*, couvert de satin violet.

Ung Messel, en moyen volume, couvert de veloux violet.

Ung Breviaire de chambre, moyen volume, de lettre bastarde, en parchemin.

Ung aultre volume en parchemin : Des Miracles Nostre-Dame, couvert de violet.

Une Bible en parchemyn, petit volume, couverte de veloux tanné.

Ung Confessional en parchemin, couvert de damas noir.

Ung aultre petit volume en parchemin où est contenue la Descripcion d'Ytalie.

Ung aultre petit volume en parchemin, où est l'Oraison de la réduction de Milan.

Ung aultre petit volume commenchent : *Ecce scribo vobis unum myrabile*, couvert de velours cramoysi.

Ung aultre petit volume, couvert de satin bleu, aux armes de France.

Ung aultre petit volume couvert de satin tanné, commenceant : *Compendiosus Sermo de Indulgenciâ plenariâ.*

Ung aultre petit volume, couvert de satin vert, où est l'Oraison des Florentins

Ung aultre volume : *De laudibus trium virorum*, couvert de cuyr tanné.

Ung petit volume en parchemin commensant : ***Instrumentum Ratificationis***, couvert de cuyr tanné.

Deux grans volumes en parchemin, contenant partie de la Bible, couvert de cuyr rouge.

Ung aultre moyen volume en parchemin, commenceant : *Incipit* *sancti Hieronimi Presbiteri.*

Ung beau Messel en parchemin, usage de Rouen, couvert de cuyr blanc.

Ung aultre grant volume en parchemin, commenceant : *Incipiunt Rubrice Decretalium*, couvert de cuyr blanc.

Ung aultre moyen volume en parchemin, *De cultu vinee*, couvert de cuyr.

Ung aultre moyen volume en parchemin, commensceant : *In principio creavit Deus*, etc., couvert de cuyr rouge.

Ung Pseaultier commenté en parchemin, couvert de cuyr blanc.

Ung aultre petit volume en parchemin à célébrer la Messe.

Ung Pseaultier en parchemin, petit volume, avec plusieurs Oraisons, couvert de cuyr et garny d'argent blanc.

Ung aultre moyen volume en parchemin, nommé les Tragédies de Sénèque.

Ung aultre petit volume en parchemin, commenceant : *Valerii Maximi Francorum*, etc., couvert de cuyr rouge.

Ung Canon en parchemin, couvert de cuyr rouge.

Ung aultre petit volume nommé *Leonardi Aretini*, relié à la mode d'Ytalie.

Ung aultre petit volume en parchemin : *De potestate Generalis Concilii*, couvert de cuyr rouge.

Ung Institute en parchemin, couvert de cuyr rouge.

Ung aultre petit volume : *De Unitate sancte Matris Ecclesie*, couvert de cuyr rouge.

Unes Heures en parchemin, couvertes de cuyr rouge.

Ung Saluste en parchemin : *De bello Jugurtino*, couvert de cuyr noir.

Unes Veilles Decretalles en parchemin, moyen volume, dont les ays sont rompues.

Ung Psaultier commenté en papier, couvert de cuyr rouge.

Deux volumes en papier, reliez en parchemin : *De Confiscatione Mediolanensi.*

Ung petit volume en papier : *De Floribus sancti Bernardi*, couvert de satin violet.

Ung aultre petit livre commenceant : *Presentis Argumentum*, couvert de cuyr rouge.

Une Oraison en papier, couverte de satin rouge.

Ung petit Livre d'acquitz en papier, touchant la Conté de Satizannes.

Troys volumes de la Bible, escrips par le Soubs-Prieur des Augustins de Rouen, deux couvers de velours noir, et l'aultre de cuyr rouge.

Troys volumes du grant Décret dont le premier contient les Distinctions, le segond jusques à la XIXe cause, et le tiers contient le reste des causes avec : *De Penitencia.*

Deux volumes des œuvres de Sénèque, en parchemin, couvers de velours en graine, garniz de fermaus de laton doré.

Ung grant volume en parchemin, nommé Froisart, couvert de velours tenné, richement enluminé, et hystorié, garny de laton doré.

Ung aultre grant volume en parchemin, nommé : *Titus Livius*, richement enluminé et hystorié, garny d'argent blanc à ouvraige antique.

Ung *Plinius* en parchemin, qui n'est pas prest de couverture.

Les Epistres saint Cyprien en parchemin, couvertes de veloux noir.

Les Questions tusculanes commentées, en parchemin, couvertes de veloux tanné.

Justin en parchemin, couvert de velours noir.

Paulus Orosius en parchemin, couver de velours noir.

Pseutonius en parchemin, couver de velours noir.

Ung volume en françoys, couvert de velours noir, fermant à deux fermaus d'argent doré, nommé le Sentier et Somme abregié de théologie.

Josephus : *De Antiquitatibus*, en parchemin richement enluminé et hystorié, couver de velours noir.

Ung *Manipulus Curatorum*, en parchemin, couvert de velours noir.

AULTRE LIBRAIRIE

ACHAPTÉE PAR MOND. SEIGNEUR DU ROY FÉDÉRIC.

AUGUSTIN.

Augustinus super Psalmos, couvert de drap d'or, à quatre fermaus d'argent

Augustinus, de Civitate Dei, couver de cuyr rouge, à ouvrayge doré, garny de deux fermaus d'argent doré.

Augustinus super Psalmos, tercia pars, couvert de cuyr tanné, à fermaus de loton.

Collectorium Sermonum sancti Augustini, couvert de cuyr tanné, à fermaus de lotum.

Augustinus contrà Faustum, couvert de cuyr rouge, garny de quartre fermaus d'argent doré.

Epistole sancti Augustini. couvert de cuyr tanné, à fermaus de laton.

Thome.

Thomas super primo Sentenciarum, couvert de cuyr noir, à ouvraige doré, garny de fermaus de laton.

Thomas super secundo Sentenciarum, couvert de cuyr rouge, à ouvraige doré, guarny de fermaus de loton.

Thomas super tercio Sentenciarum, couvert de cuyr violet, à ouvraige doré, guarny de fermaus de loton.

Thomas super quarto Sentenciarum, couvert de cuyr vert, guarny de fermaus de loton

Quolibeta sancti Thome, couvert de cuyr rouge, garny de fermaus de loton.

Prima pars sancti Thome, couvert de velours vert, garny de quatre fermaus de loton, en façon de coquilles.

Prima secunde sancti Thome, couvert de velours vert, sans fermaus.

Secunda secunde sancti Thome, couvert de cuyr rouge, guarny de fermaus de loton.

Tercia pars sancti Thome, couvert de velours vert, guarny de loton à coquilles.

Questiones sancti Thome de Malo, couvert de cuyr rouge, à fermaus de cuyvre.

Diversa opera sancti Thome, couvert de cuyr violet, garny de fermaus de laton, en façon de coquille.

Residuum questionum sancti Thome de veritate, couvert de cuyr noir, à ouvraige doré, garny de fermaus de loton.

Sanctus Thomas super Matheum, couvert de cuyr rouge, garny de troys fermaus d'argent doré.

Sanctus Thomas super Lucam, couvert de cuyr rouge, garny de quatre fermaus d'argent doré.

Sanctus Thomas super Marcum, couvert de cuyr rouge à ouvraige doré, garny de troys fermaus d'argent doré.

Sanctus Thomas super Johannem, couvert de cuyr rouge, à ouvraige doré, guarny de deux fermaus de cuyvre.

Sanctus Thomas super Ysaiam, couvert de cuyr rouge, à ouvraige doré, garny de deux fermaus de cuyvre.

Sanctus Thomas de Celo et Mondo, couvert de velours vert, sans fermaus.

Sanctus Thomas super Phisicam, couvert de cuyr tanné, à fermaus de cuyvre.

Sanctus Thomas super Epistolam Pauli ad Romanos, couvert de velours tanné, garny de deux fermaus de cuyvre.

Sanctus Thomas super Epistolam Pauli ad Galathas, couvert de cuyr rouge, fermant, et garny d'ung fermeau d'argent doré.

Commentum sancti Thome de animâ, couvert de cuyr noir, garny de fermaus de laton.

Bonaventura.

Bonaventura super primo Sentenciarum, couvert de cuyr rouge, à ouvraige doré, garny de fermaus de laton.

Bonaventura super secundo Sentenciarum, couvert de cuyr rouge, ouvraige doré, garny de fermaus de loton.

Bonaventura super tercio Sentenciarum, couvert de cuyr, à fermaus de laton.

Bonaventura super quarto Sentenciarum, couvert de cuyr rouge, à ouvraige doré, garny de fermeaulx de loton.

Nicolaus de Lira.

Nicolaus de Lyra super Genesim, couvert de cuir rouge, garny de troys fermaus d'argent doré.

Nicolaus de Lyra super Libros Regum, couvert de cuyr rouge, garny de quartre fermaus d'argent doré.

Nicolaus de Lira super Salomonem, couver de cuyr rouge, garny de quatre fermeaulx d'argent doré.

Postila de Lira super Apocalipsim, couvert de velours vert, garny de fermaus de loton.

Athanasius.

Athanasius super Paulum, couver de cuyr rouge, guarny de quatre fermaus d'argent doré.

Athanasius super Epistolas Pauli, couvert de cuyr rouge, ouvrage doré, guarny de fermaus de loton.

Titus Livius

Titi Livii de Bello Macedonico 1°, couvert de cuyr vert, à ouvraige doré, guarny de fermaulx de loton.

Titi Livii de Bello Macedonico 2°, couvert de cuyr rouge, à fermaus de laton.

Titi Livii de 2° Punico, couvert de cuyr rouge, garny de fermaus de loton.

Titi Livii, ab Urbe condictâ, couvert de cuyr rouge, garny de fermaus de loton.

Quintilianus.

Declamaciones Quintiliani, couvert de cuyr tanné, garny de fermaus de loton.

Marii Fabri Quintiliani, couvert de cuyr tanné, sans fermaus.

Ptholomeus en grant volume, couvert de cuyr rouge, garny de fermaus de loton, en façon de coquille.

Liber Insularum, couvert de cuyr noir, garny de fermaus de loton.

Omelie Aimonis, couvert de cuyr rouge, garny de fermaus de loton.

Basilius contrà Simonium, couvert de cuyr noir, garny de fermaus de loton.

Tractatus de Directionibus, et alia, etc., couvert de cuyr violet, à fermaus de loton.

Plutarcus, couvert de cuyr rouge, garny de fermaus de loton.

Domitius super Junevale, couvert de cuyr rouge, ouvraige doré, garny de fermaus de loton.

Virgilii Enei., couvert de cuyr noir, garny de fermaus de loton.

Matheus Palmerius, de Temporibus, couvert de cuyr tanné, garny de fermaus de loton

De Proprietatibus rerum, couvert de cuyr jaune, à fermaus de loton.

Tertulianus de carne Christi et aliorum, couvert de cuyr rouge, garny de quatre fermaus d'argent doré.

Glosa quatuor Doctorum super Ysaiam, et alia, couvert de cuyr rouge, à ouvraige doré, garny de fermaus de loton.

Omelie et Sermones diversorum Doctorum, couvert de cuyr rouge, garny de troys fermaus d'argent.

Omelie diversorum Doctorum, couvert de cuyr rouge, garny de fermaus de laton.

Glosa quatuor Doctorum super Genesim, etc., couvert de cuir rouge, ouvraige doré, garny de fermaus de loton.

Richardus super quatuor Sentenciarum, couvert de cuyr rouge, garny de fermaus de loton.

Herodotus, couvert de cuir vert, garny de fermaus de loton, en façon de coquilles.

Donatus Actiorolus in Ethicen Ar. [istotelis], couvert de cuyr rouge, garny de fermaus de loton, en façon de coquilles.

Donatus in Virgilium, couvert de cuyr rouge, à fermaus de loton.

Hugonis de Sacramentis, couvert de cuyr vert, à fermaus de loton.

Francisci Philelphi, couvert de cuyr rouge, sans fermaus.

Diverse Oraciones Philelphi, couvert de cuyr rouge, ouvraige doré, garny de deux fermaus d'argent doré.

Leonardi Justiniani, vite Plutarchi, couvert de cuyr rouge, garny de fermaus de loton.

Somma de Septem viciis, couvert de cuyr rouge, garny de troys fermeaulx d'argent doré.

Herodoti halicarnari, couvert de cuyr rouge, garny de fermeaulx de loton.

Chrisostomi diversa Opera, couvert de cuyr noir, garny de loton, en façon de coquilles.

Rabanus Maurus super Euvangeliis, couvert de cuyr vert, garny de quatre fermaus d'argent doré.

Eusebius de Temporibus, couvert de cuyr rouge, garny de fermaus de loton.

Pugio Raymundi contrà Judeos, couvert de cuyr rouge, à fermaus de loton.

Johannis Damasceni Tractatus, couvert de cuyr rouge doré, à fermaus de loton.

Laercii Diogenis vite super quatuor Proverbiorum, couvert de cuyr rouge doré, à fermaus de loton.

Porphirius super Oratium, couvert de cuyr rouge, à fermaus de loton.

Secunda pars Plinii, couvert de cuyr tanné, à fermaus de loton.

Epistole Plinii Cecilini secundi, couvert de cuyr rouge, garny de fermaus de loton argenté, en façon de coquilles.

Liber Rethoricorum cum ceteris sequentibus, couvert de cuyr rouge, sans fermaus.

Donatus in Therancium, couvert de cuyr noir, garny de fermaus de loton.

Petri Comestoris hystoria Scolastica, couvert de cuyr rouge, à fermaus de loton.

Aristoteles de Animalibus, couvert de cuyr rouge doré, à fermaus de loton.

Andree Contrarii reprehensio in Platonis, couvert de cuyr violet, garny de fermaus de loton.

Liber de locis Stellarum, couvert de cuyr violet, garny de fermaus de loton.

Argiropylus in Ethicen, couvert de cuyr vert, garny de quatre fermaus de laton.

Ysagoge Porphirii Aristotelis, couvert de cuyr vert, garny de fermaus de loton.

Liber tripartite Cassidori, couvert de cuyr noir, à fermaus de loton.

F. Petrarcha, de Remediis fortune, couvert de cuir rouge, garny de fermaus de loton.

Hystorie Florentine, couvert de cuyr tenné, garni de fermaus de loton.

Excerpta Colletarum diversorum operum Benardi, couvert de cuyr tenné, à fermaus de loton.

Epistole Leonis Pape, couvert de cuyr violet, à fermaus de loton.

Scotus.

Scotus super primo Sentenciarum, couvert de cuyr rouge, ouvraige doré, garni de fermaus de loton.

Scotus super primo Sentenciarum, couvert de cuyr rouge doré, à fermaus de laton.

Scotus super secundo Sentenciarum, couvert de cuyr rouge, à ouvraige doré, garni de deux fermaus d'argent doré.

Scotus super tercio Sentenciarum, couvert de cuyr rouge doré, à fermaus de laton.

Scotus super quarto Sentenciarum, couvert de cuyr rouge, garny d'un fermaut d'argent doré.

Scotus super quarto Sentenciarum, couvert de cuyr rouge doré, garny de fermaus de cuyvre.

Scotus super universalia Porphirii, couvert de cuyr rouge, garny de troys fermaus d'argent doré.

Quolibeta Scoti, couvert de cuyr rouge doré, garni de fermaus de loton.

Epistole Hieronimi, couvert de velours noir, garni de deux fermaus d'argent blanc.

Moralia Gregorii, couvert de cuyr vert doré, garni d'un fermaut d'argent doré.

Sermones sancti Ambrosii, couvert de velours violet, à deux fermaus d'argent doré.

Biblie Textus, couvert de cuyr rouge, garni d'un fermaut d'argent doré.

Concordancie Biblie, couvert de cuyr rouge, garni de deux fermaus d'argent doré.

Super Epistolas Pauli, couvert de drap d'or, sans fermaus.

Epistole sancti Pauli, couvert de velours cramoisi, garni de deux fermaus d'argent doré.

Tercia pars Somme Alexandri des Halles, couvert de velours cramoysi, garny de troys fermaus d'argent doré.

Lapi Castiliunculi in vitâ Artexerxis, couvert de velours rouge, à quatre fermaus de loton.

Lactancius Firmianus, couvert de velours rouge, garny de fermaus de loton.

P. Ovidii Nasonis, de Arte amandi, couvert de velours noir, sans fermaus.

Commentum super Phisica Aristotelis, couvert de velours cramoisi, garni de deux fermaus d'argent doré.

Josephus de bello Judaico, couvert de velours rouge, garni d'un fermaut d'argent doré.

C. Julii Cesaris belli Gallia, couvert de velours cramoisi, garni de quatre fermaus de loton doré.

Declamaciones Platonis, couvert de drap d'or, sans fermaus.

Epistole Cypriani, couvert de velours violet, garny de troys fermaus d'argent doré.

Epithoma Justini, couvert de velours violet, garni de quatre fermaus de loton doré.

Quorumdam vite per Donatum Actiorolum couvert de velours violet. garny de deux fermaus d'argent doré.

Vincencii hystorialis prima pars, couvert de cuyr rouge, garny de fermaus de loton.

Vincencii hystorialis liber quartus, garny de deux fermaus d'argent doré.

Ciceronis Epistole familiares, couvert de cuyr vert à fermaus de loton.

Ars vetus Ciceronis et alia, couvert de velours rouge, à fermaus de loton.

Omelie Jo. Crisostomi in Euvangelium secundum Matheum, couvert de cuyr tanné, à fermaus.

Remigius super Matheum, couvert de cuyr tenné, garni de deux fermaus d'argent doré.

Beda super Lucam, couvert de cuyr vert, garny de deux fermaus de loton.

Beda super parabolas Salomonis, couvert de cuyr noir, garni de fermaus de loton.

Beda super Apocalipsim, couvert de cuyr rouge à fermaus de loton.

Prima Ethi. Aristotelis, couvert de cuyr vert, garny, à fermaus de loton, façon de coquille.

Methaphisica Aristotelis, et alia ejus opera, couvert de cuyr tenné, à fermeau de loton.

Strabonis prima pars, couvert de cuyr vert, garny de fermaus de loton.

Strabonis secunda pars, couvert de cuyr vert, garni de fermaus de loton.

Strabonis de situ orbis, couvert de velours rouge, à fermaus de loton.

Laurencii Vallensis de notulis raden, couvert de cuyr noir, à fermaus de loton.

Laurencii Valensis Thucididis, couvert de cuir violet, à fermaus de loton.

Dyalectica Laurencii Valla, couvert de cuyr violet, à fermaus de loton.

Troys volumes non reliez et imparfaictz. Cirillus. *Sic erat in capite : presté à M. de Lodève* (1).

Ja. DE CASTIGNOLLES (2).

---

(1) Le célèbre cardinal Guillaume Briçonnet.

(2) Chancelier et chanoine de la Métropole de Rouen, trésorier du cardinal d'Amboise.

NOTA. M. Deville a, le premier, mis au jour ce catalogue, dans son bel ouvrage sur le Château de Gaillon. Mon sujet exigeait qu'il fût inséré ici, à la suite des autres. Le travail du savant historien m'a facilité l'étude du manuscrit, dans la lecture duquel je me sépare très rarement de lui.

Extrait du *Précis* de l'Académie des Sciences, Belles-Lettres et Arts de Rouen, année 1851-1852.

Rouen. — Imprimerie de A. Péron.

www.ingramcontent.com/pod-product-compliance
Ingram Content Group UK Ltd.
Pitfield, Milton Keynes, MK11 3LW, UK
UKHW020942180726
13838UKWH00003B/1068

9 782329 390413